Edition weltweite Solidarität

Norbert Herkenrath

Gegen den Pessimismus

Theologische und
politische Essays

Prälat Norbert Herkenrath
(† 7. Mai 1997)

Norbert Herkenrath

Gegen den Pessimismus

Theologische und
politische Essays

Zusammengestellt, redigiert
und mit einer Einleitung versehen
von Peter Rottländer

Impressum

© 1998
Misereor Medienproduktion
und Vertriebsgesellschaft, Aachen
Gestaltung: Larscheid/Hammers,
          Misereor Medienproduktion
Satz: Satzstudio Zitzen, Würselen
Druck: Schiffer, Rheinberg

ISBN 3-88916-160-X

Inhaltsverzeichnis

Vorwort 7
1. Einleitung: Erinnerung an Norbert Herkenrath 9
2. Um der Armen willen
   Über die notwendige Einmischung
   der Kirche in die Politik (1996) 16

Theodizee? 22
3. Deus é um Bom Pai
   Glaubens-Passion im Nordosten Brasiliens (1987) 22
4. Hört Gott den Schrei des Volkes?
   Das Leiden der Armen als Anfrage
   an die Theologie (1992) 33

Gegen den Entwicklungspessimismus 47
5. Entwicklungspolitik am Ende? (1983) 47
6. Mut zur Entwicklungspolitik
   statt Jammern und Klagen (1995) 57

7. Wohin soll Misereor gehen? (1989) 62

Sustainable Development 77
8. Nachhaltigkeit – Herausforderung
   für Mercedes und Misereor (1992) 77
9. Misereor und die Studie
   „Zukunftsfähiges Deutschland" (1995/1996) 96

Die deutsche Asyldebatte 104
10. Abschotten ist keine Lösung
    Flucht, Migration und die deutsche Asyldiskussion (1992).. 104
11. „Liebe die Fremden wie dich selbst" –
    eine hoffnungslose Überforderung? (1994) 110

12. Was Afrika wirklich braucht
    Ein Plädoyer gegen den Afrika-Pessimismus (1994) 117

Thema Solidarität 133
13. **Blockiert Individualisierung die Solidarität mit dem Süden?**
    Über Umbrüche im Solidarverhalten (1993) 133
14. **Egologie versus Ökologie?**
    Auf dem Weg zu einem
    „solidarischen Individualismus" (1997) 144

15. **Familienplanung und Kirche**
    Klarstellungen und Auswege aus dem Dilemma (1992) 148

Autorennotiz 162

Vorwort

Dieses Buch versammelt die wichtigsten Beiträge von Norbert Herkenrath, des im Mai 1997 verstorbenen Hauptgeschäftsführers von Misereor. In seinen Arbeiten zur theologisch-kirchlichen Situation und zu entwicklungspolitischen Herausforderungen greift er mutig kontroverse Fragen und umstrittene Themen auf. In der Vielfalt dieser Themen durchschreitet er das thematische Spektrum der „Edition weltweite Solidarität". Daß die Edition mit dieser Essaysammlung von Norbert Herkenrath eröffnet wird, ist alles andere als ein Zufall: Sein Verständnis von Entwicklungsarbeit als weltweiter Solidarität, seine Bereitschaft, mit allen gesellschaftlichen Gruppierungen und Positionen offen zu diskutieren und Argumente auch der Gegner aufzunehmen, wenn sie plausibel sind, sein Drängen darauf, Misereor am „Puls der Zeit" zu halten, und schließlich sein Anliegen, im Feld der wissenschaftlichen Debatten mit eigener Forschung und eigener Kompetenz präsent zu sein, all dies sind genau die Grundlagen, auf die das Projekt „Edition weltweite Solidarität" aufzubauen versucht.

Die Beiträge wurden nach einem doppelten Kriterium ausgewählt: Sie sollen in ihrer Gesamtheit das Spektrum der thematischen Schwerpunkte im theologisch-kirchlichen und politischen Wirken von Norbert Herkenrath abstecken. Und sie sollen auch für die gegenwärtige Leserin und den gegenwärtigen Leser so aktuell und interessant sein, daß sie Anregungen zur Beantwortung heute anstehender Fragen zu geben vermögen. Auf diese Weise versucht das Buch, das Vermächtnis eines kritischen und unabhängigen Kirchenmannes greifbar zu machen – in der Hoffnung, daß darin eine Ermutigung für alle die liegt, die sich wie Norbert Herkenrath der weltweiten Solidarität verpflichtet fühlen und mit ihm gegen den Entwicklungspessimismus antreten.

Die Manuskripterstellung leistete Frau Anne Hirtz mit hohem Engagement. Frau Cläre Cüpper danke ich für ihre Unterstützung bei der Durchsicht der Texte. Die verlegerische Betreuung lag in den guten Händen der MVG, insbesonders bei Herrn Georg Larscheid und Dr. Stefan Breuer.

Aachen, Anfang November 1997

Peter Rottländer
Grundsatzreferent in der Hauptgeschäftsführung von Misereor

1. Einleitung: Erinnerung an Norbert Herkenrath

Peter Rottländer

In diesem Buch sind die wichtigsten Texte von Norbert Herkenrath versammelt. Diesen Texten soll eine Erinnerung an den Menschen Norbert Herkenrath vorangestellt werden. Texte und Person gehören zusammen, denn wer sich von ihm überzeugen ließ, wußte am Ende nie genau, wieviel davon auf der logischen Stringenz seiner Argumentationen und wieviel auf der das Herz einnehmenden Freundlichkeit seiner Person beruhte.

Alle, die eng mit Norbert Herkenrath zusammengearbeitet haben, waren beeindruckt von den Reaktionen aus Anlaß seines Todes. Einige Mitarbeiterinnen und Mitarbeiter begannen zu weinen, wenn die Sprache auf sein Sterben kam. Menschen, die ihn irgendwann einmal kennengelernt hatten, teilten ihre große Betroffenheit mit – manche waren selbst verwundert, daß sie dieser Tod so mitnahm. In allen Trauerschreiben, die über eine formelhaft ausgedrückte Anteilnahme hinausgehen – und das sind viele –, spürt man ein echtes Bedauern darüber, daß dieser Mensch nicht mehr da ist.

Die vielen Nachrufe haben seine Verdienste gewürdigt. Die Kölner Kirchenzeitung titelte: „Die Armen in der Welt haben ihren Anwalt verloren" (Nr. 20/97). Schlimm, wenn es nur einen gäbe. Aber es war gut gemeint und liegt auf der Linie vieler Kommentare: Norbert Herkenrath war leidenschaftlich engagiert für die Armen, trat für sie ein in Kirche und Gesellschaft, scheute auch Konflikte mit Mächtigen nicht und arbeitete ebenso unermüdlich wie unerschrocken für die weltweite Solidarität. Für dieses prophetisch-politische Engagement wurde er geachtet und manchmal auch bewundert, geliebt wurde er wegen etwas anderem. Geliebt wurde er für seine Menschlichkeit, seine Warmherzigkeit.

Jemand (Norbert Birke) sagte, Norbert Herkenrath sei nie nur dienstlich gewesen. Und Bischof Kamphaus nannte ihn einmal einen „Pfundskerl". Sein Lachen war entwaffnend und seine Souveränität erleichterte: In seiner Nähe war die Welt immer etwas versöhnter als ohne ihn.

Woran lag das? Was machte diese Ausstrahlung aus? Ich glaube, man merkte Norbert Herkenrath an, daß er ein Menschenfreund war. Er war ein Menschenfreund – das ist m.E. der Kern dieser Person, der Schlüssel zu allem anderen. Menschenfreundlichkeit, so wie er sie realisiert hat, das ist der feste Wille, wohlwollend auf die Menschen zuzugehen, sich auf ihre positiven Seiten zu konzentrieren. Es ist auch die Bereitschaft, die Menschen zunächst aus ihrer eigenen Welt, aus ihrer eigenen Logik heraus zu verstehen – und sie nicht gleich nach den eigenen Wertungen einzuordnen. Wo andere in moralischer Entrüstung aburteilten – besonders in Fragen der kirchlichen Sexual- und Familienlehre –, war seine erste Reaktion ein erstauntes Lächeln und der Satz: Was es nicht alles gibt! Er war bereit, vom Wohl der betroffenen Menschen her zu urteilen.

Diese Haltung war nun nicht eine menschliche Eigenart, die in Spannung stand zu seinem Glauben, sondern es war für ihn ganz klar: Er verhielt sich so gerade wegen seines christlichen Glaubens. Ich habe darüber nachgedacht, welche Bibelstelle wohl seine Form christlichen Lebens zum Ausdruck bringen könnte und bin auf die kurze Erzählung in Mk 3,1-6 gestoßen. Jesus trifft am Sabbat in der Synagoge einen Mann mit einer verdorrten Hand und sagt zu ihm: Steh auf und stell dich in die Mitte! Zu den Pharisäern, die ihn beobachten, ob er am Sabbat heilen werde, sagt er: „Was ist am Sabbat erlaubt: Gutes zu tun oder Böses, ein Leben zu retten oder es zu vernichten?" Sie schweigen. Und er sah sie der Reihe nach an, voll Zorn und Trauer über ihr verstocktes Herz, und sagte zu dem Mann: Streck deine Hand aus! Er streckte sie aus, und sie war wieder gesund. Da gingen die Pharisäer hinaus und faßten zusammen mit den Anhängern des Herodes den Beschluß, Jesus umzubringen.

In dieser kleinen Erzählung ist alles versammelt: Die Armen gehören in die Mitte der Kirche. Ihr Wohl ist das entscheidende Kriterium, an dem sich alle anderen Regelungen messen lassen müssen. Wer sich für ihr Wohl einsetzt, bekommt Ärger mit den Hütern der Ordnung. Norbert Herkenrath war immer bereit, die Armen in den Mittelpunkt zu stellen und dafür auch Konflikte auf sich zu nehmen. Wenn es um das Wohl der Benachteiligten geht, kommt auch ein Menschenfreund nicht um Konflikte herum. So war es in der Südafrika-Kampagne, in der Diskussion um die brasilianische Landpastoral und letztlich auch in der Frage eines ökologischen Umbaus unserer Gesellschaft zugunsten größerer Entfaltungsmöglichkeiten für die Armen der Dritten Welt in der Debatte um ein „zukunftsfähiges Deutschland".

Wer Norbert Herkenrath kannte, weiß, daß er Konflikte nicht mochte, daß er sie einging, wenn sie unvermeidlich erschienen, aber von dem Wunsch beseelt war, sie zu überwinden. Er suchte Versöhnung, genoß Versöhnung. Manchmal zu schnell sogar, da war auch er ganz geprägt von der katholischen Harmoniekultur, wie wohl die meisten von uns auch.

Norbert Herkenrath war ein Menschenfreund auch innerhalb der Kirche. Manchen erschien er damit als einer, dem es an Kirchendisziplin mangelt. Das schmerzte ihn sehr, denn er liebte die Kirche. Und weil er sie liebte, litt er an ihr. Er war kein Reformkatholik, der auf den Gegenstand seiner Kritik fixiert ist. Er litt daran, daß in vielen Bereichen der Kirche eine Abwendung von der sozialen Praxis zu beobachten ist und eine Hinwendung zu einem engherzigen Fundamentalismus, dem es mehr um bekenntnishafte Korrektheit als um liebende Zuwendung zu den Menschen geht. Dem setzte er sein Verständnis von Katholischsein entgegen: Eine warmherzige, grenzüberschreitende Hinwendung zu den Menschen. Für ihn waren diejenigen biblischen Erzählungen sehr bedeutsam, in denen die liebende Mitmenschlichkeit über den korrekten Gesetzesgehorsam gestellt wird. Ihm war klar, daß der Weg zu Gott über die Mitmenschen, besonders die Armen, führt. Das Wohl der Menschen vor Augen setzte er sich für Veränderungen in der Kirche ein – daß sie solidarischer mit den Armen wird, daß sie in einigen umstrittenen Teilbereichen eine größere Offenheit entwickelt, so in der Frage der Familienplanung, der Stellung der Frauen und der internen Meinungsvielfalt. Traurig stimmte ihn zuletzt der Umgang mit dem exkommunizierten Theologen Tissa Balasuriya aus Sri Lanka.

Als besonders schwieriges Feld für einen Menschenfreund gilt der Bereich der Politik. Aber Norbert Herkenrath hat gezeigt, daß offenherzige Aufrichtigkeit zwar ausgebeutet werden kann, daß sie aber vor allem vieles möglich macht. Dazu half ihm die Atmosphäre internationaler Politik in den neunziger Jahren. Die großen UNO-Konferenzen mit ihren Versuchen, institutionalisierte Politik und zivilgesellschaftliche Bestrebungen zusammenzubringen, schufen ein Klima, in dem er seine besten Fähigkeiten entfalten konnte. Er engagierte sich für eine möglichst unvoreingenommene und sachgerechte Diskussion der Themen, die durch die Neuen Sozialen Bewegungen auf die Tagesordnung gesetzt worden sind. An der Verbesserung des Verhältnisses zwischen entwicklungspolitischen Nichtregierungsorganisationen und dem Entwicklungsministerium unter Bundesminister Spranger hat er aktiv mitgewirkt, ohne die spezifischen Misereor-Anliegen dabei zu vernachlässigen. Da wo es galt, Flagge zu zeigen, hat er es getan – tapfer und kämpferisch.

Und diszipliniert. Was er sich abverlangte, war enorm. Dies zeigt sich an einem Detail, seiner Briefdisziplin. Er hat unglaublich viele Briefe selbst beantwortet, stieg intensiv in die Diskussionen ein, welche die Briefschreiber mit ihm entfachen wollten. So manche Enttäuschung konnte er damit auffangen, Verständnis wecken, die Akzeptanz von Misereor voranbringen. Für Misereor hat er sich verbrauchen lassen. Oder besser: Er hatte entschieden, sich mit Leib und Seele für Misereor einzusetzen - auch über seine Grenzen hinaus.

Wenn die Machtfrage gestellt wurde, nahm er sie an. In seiner ersten Zeit bei Misereor gab es einige, die austesteten, was er mit sich machen läßt, um ihren eigenen Einfluß möglichst groß zu halten. Einer von ihnen, schwergewichtig von Amts wegen, reagierte einmal sehr energisch auf eine seiner Äußerungen: „So kann man das nicht sagen." Herkenraths Antwort: „Natürlich kann man das so sagen. Ich habe es doch so gesagt." Zu dieser Geschichte gehört, daß der Betreffende ihm am nächsten Tag ein Schälchen Erdbeeren vor die Tür stellte. Worauf Herkenrath erleichtert und erlöst auf ihn zuging. Wenn jemand ihm die Hand entgegenstreckte, floß er dahin.

Er war immer bereit, auf ein besseres Argument einzugehen und seine Sichtweise zu verändern. Dies verdankte er einer Souveränität, die in einem gefestigten Selbstwertgefühl gründete. Es ist ein kleines Detail, an dem diese Stärke sichtbar wird: Wenn er seine Meinung veränderte, hatte er es nicht nötig, rechtfertigend zu erklären, warum er es vorher anders gesehen hatte. Das gibt es nicht oft.

Verständnisbereitschaft aus Liebe zu den Menschen gründet in einem offenen, aufrichtigen Herzen. Wer das hat, dem geht die Armut der Armen nahe, den treibt das Leiden der Menschen um. An Norbert Herkenrath konnte man ablesen, daß ein Menschenfreund immer auch einer ist, der die Option für die Armen trifft. Die Begegnungen mit den Armen im Nordosten Brasiliens haben eine tiefe Spur in seinem Leben hinterlassen: Immer wieder erzählte er von Gesprächen mit diesen Menschen, in denen sie zu seinen Lehrern geworden waren. In seiner Arbeit bei Misereor hat er die brasilianischen Erfahrungen in politischen und theologischen Kategorien auf- und ausgearbeitet. Wenn er von weltweiter Solidarität sprach, wenn er von „den Armen der Dritten Welt" redete, dann hatte er immer auch konkrete Menschen vor Augen, deren Namen er kannte. Brasilien blieb immer eine besondere Liebe in seinem Leben – was auch daran gelegen haben mag, daß rheinischer und brasilianischer Katholizismus durchaus Geschwister sein könnten.

Der rheinische Katholizismus, die kulturelle Identität als Rheinländer: Darauf war er stolz. Auf die Mentalität, auch über die ernstesten Dinge zu witzeln, auf den Optimismus, die Bereitschaft, das Unveränderliche hinzunehmen („Et kütt wie et kütt"), das Finden von Lösungen jenseits der vorgeschriebenen Dienstwege, das Kungeln und Maggeln. Letzteres kann sehr unfair sein, es kann aber auch Wege eröffnen, wo alles verbaut erscheint – im Sinne des brasilianischen „Jeito", zu dessen Beschreibung eine schlängelnde Handbewegung gehört. Norbert Herkenrath wollte nur die produktiven Möglichkeiten sehen. In seiner Rede zur Verleihung des Ohrenordens 1992 in Köln beschrieb er den Kölschen Klüngel mit folgenden Worten: „Unbürokratische Kreativität unter Ausschluß der Öffentlichkeit – aber zum Wohle der Allgemeinheit".

Das ist die Außenseite des Rheinischen – fröhlich, munter und locker im Netzwerk der Bekannten, die alle Freunde genannt werden. Viele finden das oberflächlich und unverbindlich. Aber es ist eben nur die Außenseite. Heinrich Böll hat immer wieder darauf hingewiesen, daß sich unter dem äußeren Erscheinungsbild ein melancholischer, weichherziger Charakter verbirgt. Im Grunde ihres Herzens sind die Rheinländer, wenn man denn so pauschal über eine Ethnie reden will, eher traurige, sentimental gestimmte Menschen. Darüber setzen sie sich aber mit einem Seelenruck hinweg und entscheiden sich für das Lachen. Auch das findet sich bei Norbert Herkenrath. Freunde warnte er, daß sie nicht erschrocken sein sollten. Er habe nahe am Wasser gebaut, und wenn ihm etwas sehr zu Herzen gehe, dann setze er so ein komisches Lächeln auf, um nicht zu weinen. Hier kamen Rheinland und Männererziehung zusammen im Verbergen der Sensibilität. Das innere Erleben war immer intensiver als das, was er zeigte.

Auch in seinem Leben gab es Einsamkeit, Zweifel, Existenzängste. An diese Seite seiner Persönlichkeit, an sein persönliches Leiden, hat er andere nicht herangelassen. Und ich bin mir nicht sicher, ob er sich selbst da ganz herangelassen hat. Er war perfekt in der Technik, alles

Beunruhigende unter einem positiven Aspekt zu neutralisieren. Seine erste Reaktion auf die Krebsnachricht lautete: „Ich wollte sowieso nicht vergreisen!" Er sagte es fast etwas erleichtert. Er richtete sofort seine ganze Aufmerksamkeit auf den einen, schwachen, letztlich unbedeutenden, aber in der Situation doch entlastenden positiven Aspekt.

Man konnte mit ihm emotional belastende Dinge nicht ruhig abwägend besprechen, das hielt er einfach nicht aus. Trommelnde Finger, Gähnen, Schütteln der Schultern – sein ganzer Körper war darauf eingestellt, das Unangenehme durch Entscheidungen zu bändigen. Sich ja nicht in den Sumpf belastender Unklarheiten ziehen lassen – das schien seine Devise in diesen Situationen zu sein.

Auch seine Unruhe, seine Ungeduld und sein unbändiger Tätigkeitsdrang scheinen mir letztlich hierin zu wurzeln. Wo er gezwungen war zu warten, las er. Er gab der Passivität, der Leidensform, wie es übersetzt heißt, einfach keine Chance. Und so kämpfte er mit aller Kraft gegen das Leid an – auch und vor allem gegen das Leid der anderen. Zu dieser Einstellung gehört auch, daß er das unabschaffbare Leid ebenso fraglos annehmen konnte, wie er es als abschaffbares fraglos bekämpfte. In diesen Fragen wollte er vor allem klare Entscheidungen. So war er. Und so haben wir ihn gemocht.

Sein Aktivismus bedeutete schließlich in keiner Weise, daß er versäumt hätte, sein eigenes Leben zu leben. Wer ihn kennt, weiß, daß er es durchaus verstand, sein Leben zu genießen. Das stand aber seinem unermüdlichen und die Grenzen der Selbstbelastung immer auch überschreitenden Engagement in der Sache nicht im Wege. Im Gegenteil. Gerade weil er auch die Freude an seinem eigenen Leben lebte, ging im hingebungsvollen Einsatz kein Druck von ihm aus. Norbert Herkenrath hat sich nicht rigoristisch-asketisch zerfressen, sondern sein Leben geliebt und gelebt. Genau das wollte er aber auch für alle anderen Menschen ermöglichen. Diesem Ziel galt sein unbedingter Einsatz, in dem er sich nicht schonte, und in dem er bereit war, sein eigenes Leben zu gefährden. Selbstgerechte Asketen haben Jesus als „Fresser und Säufer" denunziert. Norbert Herkenrath hat sich diesem Mißverständnis sorglos ausgesetzt. Er aß gerne gut, liebte das Kartenspiel und den Fußball, tanzte free-style. Als er die Diagnose von seinem Krebsleiden erhielt und wir ihm zu verstehen gaben, wie leid uns das für ihn tue, sagte er: „Es tut mir leid für euch. Ich habe mein Leben gelebt." Und je länger ich darüber nachdenke, desto mehr denke ich: Ja, das stimmt. Er konnte den Tod annehmen, auch wenn er überraschend kam, weil er mit seinem Leben alles in allem zufrieden und einverstanden war. Die Versöhnung von Hingabe und Selbstverwirklichung hat er in einer beeindruckenden Weise zu leben vermocht. Darin liegt sicherlich soetwas wie ein Vermächtnis, das es zu bewahren gilt.

Dom Celso Queiroz, Weihbischof aus Sao Paulo, verabschiedete Norbert Herkenrath beim Requiem im Aachener Dom im Namen der brasilianischen Kirche. Er griff dabei auf die mittelalterliche Vorstellung zurück, wonach am Eingang zum Himmel die Armen stehen und darüber entscheiden, wer eingelassen wird. Er sagte an den im Sarg liegenden Norbert Herkenrath gewandt: „So zahlreich wir auch hier versammelt sind, wir sind nur wenige im Vergleich zu den vielen, die Dich im Hause des Vaters aufgenommen haben. Dort waren, als Du ankamst, alle die Armen dieser Welt, denen Du geholfen hast zu leben und aufzuerstehen. Dort waren – froh – die Armen Brasiliens, denen Du die Liebe Deines Lebens gewidmet hast, und die Armen der ganzen Welt, für die Du die letzten Jahre gearbeitet hast. Aus dem Munde jedes einzelnen von ihnen hast Du die Einladung des Lebens gehört: Komm, Gesegneter meines Vaters, komm in das Reich, denn als ich ausgeschlossen war, hast Du mich aufgenommen."

Anfang Juni 1997

2. Um der Armen willen

Über die notwendige Einmischung der Kirche in die Politik (1996)

Am 14.12.1996 gab es im Krönungssaal des Aachener Rathauses einen Empfang für Bischof Belo aus Ost-Timor, der wenige Tage zuvor in Oslo den Friedensnobelpreis erhalten hatte. Norbert Herkenrath nahm dies zum Anlaß, um seine aus vielen Erfahrungen gewachsenen Grundüberzeugungen zum Thema Christentum und Politik pointiert zusammenzufassen. Da es sein letzter derart grundlegender Text wurde, soll er dieser Essaysammlung als ein knappes Vermächtnis vorangestellt werden.

Wenn ein Bischof den Friedensnobelpreis erhält, dann ist das etwas Erfreuliches für die ganze Kirche, denn es zeigt, daß die Kirche „mitten in der Welt", an der Seite der Menschen präsent ist. Das große Reformkonzil unseres Jahrhunderts, das Zweite Vaticanum, hat diese Aufgabe in den ersten Worten seiner Pastoralkonstitution ebenso einfach wie treffend auf den Punkt gebracht: „Freude und Hoffnung, Trauer und Angst der Menschen von heute, besonders der Armen und Bedrängten aller Art, sind auch Freude und Hoffnung, Trauer und Angst der Jünger Christi." Wir freuen uns mit Bischof Belo über die internationale Anerkennung seiner Verbundenheit mit den Freuden und Hoffnungen, mit der Angst und Trauer der Menschen in seinem Land, in Ost-Timor.

Wo die Kirche wirklich bei den Menschen lebt, wird sie dafür nicht nur gelobt. Besonders dort, wo die Angst und Trauer der Menschen aus Erfahrungen politischer Gewalt kommen, wird der Kirche, wenn sie sich *diese* Angst und Trauer der Menschen zu eigen macht, vorgeworfen, sie mische sich in einer unzulässigen Weise in die Politik ein. Die Kirche, so wird argumentiert, solle sich um die alle Menschen betreffenden letzten Dinge des ewigen Lebens kümmern, sich aber nicht in die Streitigkeiten um die vorletzten Dinge der politischen Ordnung einmischen. Manche Kirchenvertreter folgen dieser Logik, ziehen sich vom wirklichen Leben der Menschen zurück und reden vom „Menschen schlechthin". Ich möchte im Gegenzug dazu und aus Anlaß der Ehrung von Bischof Belo, der für seine Nähe zum *wirklichen* Leben der Menschen ausgezeichnet wurde, einige grundsätzliche Überlegungen zum Thema Kirche und Politik darlegen. Ich möchte erläutern, warum eine Kirche, die versucht, Freude und Hoffnung, Trauer und Angst der Menschen zu teilen, gar nicht anders kann, als auch politisch zu sein. Dies ist ebenso unvermeidlich, wie es für Jesus unvermeidlich war, mit seiner Botschaft vom nahen Reich Gottes und der mit ihm anbrechenden Befreiung der Armen und Bedrängten auch politisch zu wirken.

Gott kann nicht mit dem Rücken zum Leiden der Menschen verehrt werden

Die grundlegende Einsicht lautet: *Das Christentum ist politisch dadurch, daß es christlich ist.* Es gibt keinen Gegensatz zwischen einem mystischen Weg der Kontemplation, der religiösen Innerlichkeit, und einem politischen Weg der Sorge um das Wohl der Menschen, insbesondere der Armen. Die jüdisch-christliche Tradition ist gerade dadurch gekennzeichnet, daß sie beides zusammenführt. Man kann Gott nicht mit dem Rücken zum Leiden der Menschen verehren (J.B. Metz). Eine Mystik, die sich nicht aktiv um die leidenden Mitmenschen kümmert, ist keine Mystik, sondern Entfremdung. Christliche Mystik treibt zu den Menschen. In der biblischen Bildersprache gesagt: Die Mystik taut die verhärteten Herzen auf, öffnet sie für die Nöte und Leiden der Mitmenschen. Mystik kämpft gegen Apathie. Wer also im christlichen Sinne religiös ist, der wird dadurch sensibel für die Leiden der Mitmenschen. Wer diese Leiden sieht und bekämpft, der gerät unweigerlich auch in den Bereich des Politischen. Deshalb gilt für das Christentum: Je mystischer, desto politischer!

Warum ist das so? Es hängt mit der besonderen Stellung zusammen, die das Christentum den Armen gibt. Verdichtet kommt dies in den bekannten Formulierungen der Gerichtsrede Christi zum Ausdruck. Wenn Gott die Welt richtet, dann wird nicht danach gefragt, wie fromm jemand gewesen ist. Die Frage lautet: Was habt Ihr für die Armen, Kranken, Einsamen, Gefangenen und Verlassenen getan? Denn, Sie kennen die Formulierung: Was Ihr einem von diesen getan habt, das habt ihr mir getan. Und was ihr einem von diesen nicht getan habt, das habt ihr mir nicht getan. Es ist die Identifikation Gottes mit den Armen, die dazu führt, daß im Christentum die Hinwendung zu Gott und die Hinwendung zu den Armen nicht getrennt werden können.

Es geht nicht darum, gute Taten zu sammeln. Es geht vielmehr um eine religiöse Einsicht, es geht um eine Antwort auf die Frage: Wo ist Gott? Das Christentum sagt: Er ist in den Armen, Schwachen, Bedrängten. Wer Gott sucht, muß diese Armen, Schwachen und Bedrängten aufsuchen. Und wer sich den Armen, Schwachen und Bedrängten zuwendet, der findet Gott.

Da dies so ist, kann die Kirche gar nicht anders, als sich den Armen zuzuwenden. Es hängt allerdings viel davon ab, *wie* sie dies tut. Man kann sich fürsorglich so um die Armen kümmern, daß sie in ihrem Leid zwar getröstet, zugleich aber auch bestätigt werden. Statt das Leiden zu beenden, wird es erträglicher gemacht. Dies ist in der Geschichte der Kirche leider oft so praktiziert worden – *obwohl* es in einem offenen Widerspruch zur biblischen Überlieferung steht. Sowohl im Alten wie im Neuen Testament geht es immer auch um eine Befreiung der Armen, um eine Überwindung der Armut, um die Beseitigung ihrer Ursachen. In aller Deutlichkeit zeigt dies bereits die Gründungserzählung der jüdisch-christlichen Tradition, der Bericht vom Exodus der versklavten Hebräer aus Ägypten. Von Anfang an ist der Gott der jüdisch-christlichen Tradition ein Gott, der Armut und Unterdrückung beseitigen will. Es ist deshalb kein Zufall, daß die Exoduserzählung im Lauf der Geschichte immer wieder ein Leitstern all derer wurde, die sich aufmachten, um aus Armut und Unterdrückung auszubrechen.

Die Exoduserzählung zeigt: Die Überwindung von Armut und Unterdrückung bedeutet immer auch Konflikt mit denen, die beides aufrechterhalten wollen. Wenn es gegen die Armut geht, geht es immer auch gegen armutsproduzierende Strukturen. Positiv gesagt: Es geht um die Schaffung gerechterer Verhältnisse. Das betrifft die politischen Freiheiten, das betrifft die Wirtschaftsordnung, das betrifft den Aufbau sozialer Sicherungssysteme – kurzum all das, was auch als eine Umsetzung der Menschenrechte verstanden werden kann.

Nicht für sondern mit den Armen

Was kann die Kirche tun, um diese Prozesse zu fördern? Was ist der Beitrag der Kirche zur Förderung der Armen und zur Überwindung der Armut? Misereor wurde vor fast vierzig Jahren gegründet, um auf diese Fragen eine erfahrungsgesättigte Antwort zu finden. Es ist viel versucht worden in dieser Zeit, in der sich aus Erfahrungen, Enttäuschungen und Erfolgen einige Leitlinien herausgebildet haben, die den Erfolg zwar nicht garantieren, aber doch wahrscheinlicher machen. Die Grundeinsicht lautet, daß man nicht versuchen sollte, etwas Hilfreiches *für* die Armen zu tun, sondern daß alles *mit* ihnen getan wird. Es sind die Armen selbst, die ihre Armut überwinden müssen. Wer in die Armut gepreßt wird, ist oftmals nicht allein Opfer äußerlicher Unrechtsstrukturen, die ihn zum Objekt machen, sondern zugleich auch jemand, der in seinem Selbstbild beschädigt wird, der seiner eigenen Aktivität nichts zutraut. Die Kraft, die diese Armen gewinnen, um ihre eigene Lage zu verändern, ist genau die Kraft, die sie brauchen, um gemeinsam politisch wirksam zu werden, um sich bessere soziale Bedingungen zu erkämpfen und nachhaltig zu nutzen. In Thailand haben mir buddhistische Mönche dies einmal so beschrieben: Es geht darum, den Armen das Gefühl ihrer Würde zurückzugeben; alles andere folgt dann daraus. In der Sprache der Misereor-Arbeit heißt dies dann, daß der Selbsthilfe und dem organisatorischen Zusammenschluß der Benachteiligten eine herausragende Bedeutung für die Überwindung von Armut zukommen. Eine Gesellschaft muß den Armen Raum für Selbsthilfe und Organisation geben. Ein solcher Raum ist das Sprungbrett für gesellschaftliche Reformen, mit denen Armut strukturell und damit nachhaltig beseitigt werden kann.

Es ist eine Aufgabe für die Kirche, die Prozesse der Selbsthilfe und Selbstorganisation der Armen nach Kräften zu fördern und die Anliegen der Armen in der öffentlichen Debatte zu verstärken. Ganz besonders ist die Kirche aber dort gefordert, wo der Staat Selbsthilfe und Selbstorganisation der Armen blockiert oder gar bekämpft. In der Heimat von Bischof Belo, in Ost-Timor, erleben wir eine solch schwierige Situation. Wenn jede Initiative, die von unten kommt, von einer mißtrauischen Staatsbürokratie kontrolliert und gegängelt wird und jede Versammlung nur in Anwesenheit von bewaffneten Militärs stattfinden kann, dann sind der Selbsthilfe der Armen enge Grenzen gesetzt. Aufgabe der Kirche wird es nun, die Handlungsräume erweitern zu helfen. Sie wird für die Armen oftmals in einem wörtlichen Sinne der Ort sein, an dem sie sich versammeln können. Sie kann der Entwicklungsarbeit in ihrem eigenen Bereich Raum geben und die Laien ermutigen, weiter an der Förderung und Organisierung der Armen zu arbeiten. Sie kann sich in der Öffentlichkeit mit den Anliegen der Armen solidarisieren und auf die Einhaltung wenigstens der grundlegenden Menschenrechte drängen. Aus diesem Grunde fördert auch Misereor all diese Aktivitäten, insbesondere die Menschenrechtsarbeit.

Solidarität ist gefährlich

In einer Situation politischer Repression ist die Arbeit mit den Armen gefährlich. Der salvadorianische Märtyrerbischof Oscar Romero hat diesen Zusammenhang 1980, kurz vor seiner Ermordung und in einer Situation zugespitzter politischer Repression mit klaren Worten beschrieben: „Die Verteidigung der Armen in einer konfliktreichen Welt hat unserer Kirche etwas Neues gebracht, das in ihrer Geschichte unbekannt war: die Verfolgung. ... Der Grund der Verfolgung der Kirche sind die Armen. Deshalb versteht die Kirche ihre eigene Verfolgung von den Armen her. Die Kirche nimmt im Grunde nur das Schicksal der Armen auf sich. Die wirkliche Verfolgung richtet sich gegen das arme Volk, das heute der Leib Christi in der Geschichte ist. Es ist das gekreuzigte Volk – wie Jesus; es ist das verfolgte Volk – wie der leidende Gottesknecht. ... Daß die Kirche sich darauf festgelegt hat, die Hoffnungen und Ängste der Armen zu ihren eigenen zu machen, ist der Grund dafür, daß sie das gleiche Schicksal erleidet wie Jesus und wie die Armen: Verfolgung."[1]

Ich denke, wir alle hier wünschen Bischof Belo, daß der Friedensnobelpreis auch die Funktion eines Schutzschildes vor möglichen Übergriffen übernehmen wird: Für ihn persönlich ebenso wie für die vielen Aktiven in seiner Diözese.

Mit einigen Pinselstrichen habe ich versucht, das komplizierte Thema Kirche und Politik zu skizzieren. Ich hoffe deutlich gemacht zu haben, daß sich an der Hinwendung zu den Armen alles entscheidet. Eine Kirche, die in der gesellschaftlichen Öffentlichkeit und im politischen Lobbying ihre eigenen Selbsterhaltungsinteressen vertritt, tut damit, was alle Institutionen in der Gesellschaft jeweils für sich tun. Von dem, wofür sie eigentlich da ist, wird dadurch nichts sichtbar.

---

(1) Oscar Arnulfo Romero, Die politische Dimension des Glaubens,
in: A. Reiser/P.G. Schoenborn, Basisgemeinden und Befreiung,
Wuppertal 1981, 154-164; 159.

Eine Kirche aber, die in der gesellschaftlichen Öffentlichkeit und im politischen Lobbying die Interessen der Armen und Benachteiligten vertritt und verstärkt, eine Kirche also, die eine Kirche für andere ist, eine mit den Armen solidarische Kirche, das ist eine Kirche, die sich auf *dem* Weg befindet, auf den sie von ihrem Gründer geschickt worden ist.

Bei Jesaja heißt es im Blick auf die verheißene Erlösung: „Gott, der Herr, wischt die Tränen ab von jedem Gesicht. Auf der ganzen Erde nimmt er von seinem Volk die Schande hinweg" (25,8). „Wehe denen", sagt der Theologe Gustavo Gutiérrez dazu, „wehe denen, die der Herr mit trockenen Augen antrifft, weil sie es nicht vermocht haben, mit den Armen und Leidenden dieser Welt solidarisch zu sein."[2]

---

[2] Gustavo Gutiérrez, Von Gott sprechen in Unrecht und Leid – Ijob, München/Mainz 1988, 153.

Theodizee?

Die theologischen Essays von Norbert Herkenrath waren immer ausgespannt zwischen den beiden Polen eines beharrlichen Vertrauens auf die Treue Gottes und einer tiefen Beunruhigung über das furchtbare Ausmaß des Leidens in der Welt. Er hat mit Gott gerungen – dabei aber immer wieder den Weg zu einer versöhnten Gelassenheit des Herzens gefunden. Die beiden hier abgedruckten Essays spiegeln diese dialektische Spannung seines spirituell-theologischen Suchens und suchen Anknüpfungspunkte bei den Erfahrungen der Leserinnen und Leser.

3. Deus é um Bom Pai
Glaubens-Passion im Nordosten Brasiliens (1987)

Der folgende Text ist ein leicht gekürzter und geringfügig bearbeiteter Beitrag für das Buch „Gott kommt aus der Dritten Welt. Erfahrungen und Zeugnisse", herausgegeben von Johannes Röser, Freiburg 1988, 93-103. Dort publiziert unter dem Titel „Der Holzsarg hing unter dem Strohdach. Von der Kraft und der Weite des Glaubens".

Jahr für Jahr wandelt sich gegen Ende der Trockenzeit der Sertão, die weite Savanne im Nordosten Brasiliens, in eine tote Landschaft. Die staubüberzogenen Sträucher strecken ihre laublosen Äste dann hilflos in die brennende Sonne, das spärliche Gras über dem aufgesprungenen Boden ist längst verdorrt. Die Landschaft wirkt gespenstig. Man kann sich nicht vorstellen, daß hier noch einmal Leben entstehen könnte. Und wenn in einem Jahr der Regen ganz ausbleibt, dann legt sich das graue staubige Hungertuch monatelang über das Land. Und die Menschen leiden. 10 Jahre lang, von 1972 bis 1982, habe ich dort im Nordosten Brasiliens als Priester wirken dürfen. Areia Branca hieß ein Ort am äußersten Rand meiner Pfarrei. Areia Branca bedeutet zu deutsch „weißer Sand". Wenn während der Trockenzeit monatelang kein Tropfen Regen fällt, dann besteht Areia Branca tatsächlich nur aus weißem Sand, an dem man sich die nackten Füße verbrennen kann.

Die Leute in diesem abgelegenen Ort sind bitterarm. Und immer wenn die Trockenzeit zu lange dauert, wenn der Regen ein ganzes Jahr lang ausbleibt, kämpfen sie buchstäblich ums Überleben. Die Wasserlöcher trocknen aus. Die Frauen müssen immer längere Wege zurücklegen, um Wasser zu suchen. Kilometerweit laufen sie, um aus brackigen Tümpeln das lebensnotwendige Wasser zu holen. In den primitiven Lehmhütten schrumpfen die Vorräte an Reis und Bohnen. Dann kommt die Zeit, da die Feuerstellen immer häufiger kalt bleiben, weil es nichts mehr zu kochen gibt. „Drei oder vier Tage ohne Essen – das kann man aushalten. Das ist halt das Schicksal der Armen", sagte mir einmal eine Frau. Am meisten aber leiden unter dieser Hungerzeit die Kinder. Sie kratzen den Lehm von den Wänden und stopfen ihn in den Mund, um damit ihre nagenden Hungergefühle zu betäuben. Und mitunter wickeln die Mütter ihren Kindern abends feste Binden um den Leib, damit diese den Hunger nicht so spüren und den tröstenden Schlaf finden können. Kein Wunder, daß viele dieser Kinder keine Kraft mehr haben, um einer an sich harmlosen Infektion, einer Grippe oder einem Durchfall, widerstehen zu können.

Wahrhaftig, das Leben dort im Nordosten Brasiliens ist hart. Und man sollte annehmen, daß die Menschen, die so viel zu leiden haben, sich dagegen auflehnen und an Gott und der Welt verzweifeln. Aber dies gerade tun sie nicht! „Deus é um Bom Pai" – kaum ein anderes Wort hört man so oft dort im Nordosten Brasiliens wie dieses: Gott ist ein guter Vater! Ich habe mir sehr oft die Frage gestellt: Woher nehmen die Nordestinos, die Menschen im Armenhaus Brasiliens, in Piauí und Ceara, Rio Grande do Norte und Pernambuco – woher nehmen sie die Kraft dieses Glaubens, trotz aller Armut, trotz aller Not immer wieder aus tiefstem Herzen zu sagen: Gott ist gut? Ich meine es lohnt sich, dieser Frage ein wenig nachzuspüren.

Eine erste Antwort auf die Frage nach dem tiefen Gottvertrauen der Menschen im Busch im Nordosten Brasiliens gibt uns die Buschlandschaft, der Sertão, selber. Mag die Erde auch noch so sehr vertrocknet sein, mag die Dürre auch noch so lange anhalten, bis alles Leben tot zu sein scheint – immer geschieht aufs neue das Wunder: Eines Tages ziehen Wolken auf, erst zaghaft, dann immer kraftvoller, und schließlich fallen die ersten Tropfen. Die heiße Erde verdampft sie sofort. Aber bald werden die Tropfen zu Bächen, zu Strömen, die sich vom Himmel ergießen. Die Erde kann die Nässe nicht mehr abwehren. Das Wasser sammelt sich, bildet Lachen, kleine Seen, und es dauert nicht lange, da kehrt das Leben zurück. Über der Steppe, der Wüste beginnt es zu grünen, Gräser und Sträucher atmen wieder. Sie waren gar nicht tot – der Sertão blüht in neuem Leben. Dies ist eine Erfahrung, die sich tief dem Herzen einprägt: Das Leben ist stärker als der Tod! Der Segen von oben besiegt die Dürre, die alles zu ersticken sucht. Gott läßt seine Kinder nicht im Stich!

Heilende Gemeinschaft

Zu dieser Grunderfahrung kommt eine zweite Erfahrung: Die Armen lassen sich auch untereinander nicht im Stich. „Selig Ihr Armen, denn Euch gehört das Reich Gottes" (Lk 6,20) sagt Christus. Er preist die Armen selig, nicht die Armut. Er preist sie selig, weil sie eher als die Reichen die Chance haben zu erfahren, wie sehr wir Menschen aufeinander angewiesen sind, weil sie anders als die Reichen erfahren, was es bedeutet zu teilen. Solange in Areia Branca und an ähnlichen Orten noch Reis in einer Hütte ist, solange haben alle noch etwas Reis – weil jeder mit dem noch Ärmeren das Letzte teilt. Sicher kam die arme Witwe, von der Jesus im Evangelium spricht, die ihr letztes Scherflein in den Opferkasten legte, aus einem Dorf ähnlich Areia Branca. Die Armut kann dazu führen, so frei zu werden, daß man den letzten Brotkrumen mit dem Nachbarn teilt. Besitz aber verführt zum Festhalten. Reichtum kann dazu führen, daß man Sklave seiner Güter wird. Bei den Menschen im Nordosten Brasiliens habe ich gelernt: Man besitzt nur das wirklich, was man verschenkt!

Aus dem gemeinsamen Schicksal, arm zu sein, einem harten Dasein ausgeliefert zu sein, wächst ein starkes Gemeinschaftsbewußtsein. Die Erfahrung, daß einer sich auf den anderen verlassen kann und damit die Kräfte des einzelnen sich vervielfachen, stärkt den Glauben an Gott, der unser aller Vater ist. Weil Gott der Vater aller Menschen ist, sind wir alle untereinander Schwestern und Brüder. Seine Geschwister kann man aber nicht im Stich lassen.

Einmal fuhren wir spät abends von einer Kapellenstation heimwärts. Der Mond tauchte die hügelige Buschlandschaft in ein gespenstiges Licht. Der Jeep war mit acht Personen wieder einmal übervoll. So war es meistens, wenn ich aus dem weiten Hinterland meiner Pfarrei zurückfuhr zur Stadt. Plötzlich leuchtete vor uns eine Laterne auf, eine kleine Gruppe winkte uns zu halten. Zwei Männer trugen auf ihren Schultern eine Stange, an der eine Hängematte befestigt war, in der eine kranke Frau lag. Sie baten mich, die Kranke mitzunehmen zur Stadt, zum Krankenhaus. Ich sah, daß die Frau dringend zum Arzt mußte, sie war offensichtlich sehr krank. Aber der Jeep war voll besetzt. Die Männer sagten, daß sie die Kranke über sechs km weit durch den Busch geschleppt hätten, weil sie wußten, daß ich hier vorbeikommen mußte. Da konnten wir nicht anders, wir banden die Hängematte mit der Kranken hinten in den Jeep, und irgendwie schafften es auch noch alle anderen acht Personen, sich in den Wagen zu quetschen. Die Frau fand noch in der Nacht ärztliche Hilfe.

Nach solchen Erlebnissen liest man die Evangelien mit anderen Augen. Die Begegnung dort im Busch mit den Männern und der kranken Frau erinnerte mich unwillkürlich daran, wie Jesus einmal einen Gichtbrüchigen heilte. Vier Männer brachten den Kranken zu Christus. Da sie nicht durch die Menge zu ihm vordringen konnten, deckten sie das Dach ab und ließen den Kranken von oben herunter. Jesus sagte zum Kranken: „Dein Glaube hat Dir geholfen." Er ließ ihm die Sünden nach und heilte ihn.

War es nur der Glaube des Gichtbrüchigen? Ich meine, es war auch und vor allem der Glaube der Männer, die den Kranken trugen. Keiner lebt für sich alleine. Wir leben in einer Gemeinschaft, wir hängen ab von anderen. Das zeigt sich deutlich in solch einer Begebenheit wie der im Busch damals im fernen Brasilien. Alleine wäre die Frau verloren gewesen. Aber die Gemeinde, in der sie lebte, hat ihr geholfen. Sie wurde für sie buchstäblich eine heilbringende Gemeinde.

Ich bin überzeugt davon, daß die allermeisten Menschen ähnlich handeln würden wie diese Männer, die eine kranke Nachbarin kilometerweit über Berg und Tal schleppten. Aber die allermeisten hierzulande haben kaum die Gelegenheit, so etwas zu tun. Die Gesellschaft, in der wir leben, ist eine anonyme Zusammenballung von Menschen. Wir kennen kaum unsere engsten Nachbarn, nicht einmal die, mit denen wir im gleichen Mietshaus wohnen. Und so erfahren wir überhaupt nicht, ob unsere Nachbarn krank sind. Daß vieles so unpersönlich ist, daß wir so isoliert leben, in Betonwürfel eingeschachtelt, voneinander getrennt – das macht krank. Um gesund zu leben, brauchen wir Gemeinschaft, brauchen wir Beziehung untereinander. Die Armen in ihren Buschdörfern im Nordosten Brasiliens und anderswo in der Welt erleben diese Gemeinschaft ganz anders als wir, und dadurch haben sie uns vieles voraus.

„Wir sind vom Tod zum Leben übergegangen, weil wir einander lieben" (1 Joh 3,14), so sagten die ersten Christen. Können wir das in unseren christlichen Gemeinden auch heute noch sagen? Steht nicht für die meisten von uns die Befriedigung des individuellen religiösen Bedürfnisses im Vordergrund, wenn wir zum sonntäglichen Gottesdienst zusammenkommen? Bleiben wir nicht auch da in unserer Anonymität, isoliert, ohne Kontakt zum Nachbarn in der Kirchenbank? Das Leben inmitten der Armen in den Buschdörfern im Nordosten Brasiliens hat mir deutlich gezeigt, wie arm wir geworden sind, weil unsere Gemeinden keine heilenden Gemeinden mehr sind. Heilende Gemeinde wächst nur da, wo man sich einander zuwendet, aufeinander hört, wo einer für den anderen Zeit hat und wo man noch miteinander die Grenzerfahrungen des Lebens teilen kann.

Diese Gemeinschaftserfahrung wird dem Nordestino von klein auf zuteil. Die Kinder im Nordosten Brasiliens sind vielfachen Leiden ausgesetzt. Sie sind unterernährt. Ihre Bäuche sind oft von Würmern aufgeschwollen. Sie begegnen sehr oft dem Tod; dem Tod auch bei ihren Spielgefährten, denn viele Menschen sterben dort am Anfang ihres Lebens, im ersten, zweiten, dritten Lebensjahr. Und alle Kinder haben es schon oft erlebt, daß ein Nachbarkind oder eins ihrer Geschwister in einem Pappkarton aufgebahrt mit Blumen überdeckt zum Friedhof getragen und dort begraben wurde. Aber alle Kinder machen auch die Erfahrung der Gemeinschaft. Das acht- oder neunjährige Mädchen trägt, wenn es zum Spielen mit seinen Gefährtinnen geht, das kleine ein- oder zweijährige Geschwisterchen auf der Hüfte. So ist dieses immer mit dabei im Kreis der anderen Kinder, wandert von Arm zu Arm. Da wo es sich wohl fühlt, lacht es und bleibt. Wo es weg möchte, beginnt es zu weinen. Und es erfährt auf seine Gefühlsäußerungen sofort eine Reaktion.

Ich habe mich oft gefragt, welche Kinder glücklicher aufwachsen, die Kinder hier inmitten einer Gesellschaft von Erwachsenen, die steril eingepackt sind im Kinderwagen, den man in die Ecke stellen kann, den man beiseite schieben kann – oder die Kinder dort, in den armen Ländern, die sich ihre Spielzeuge aus Steinen und Hölzern selbst basteln, die den Hunger kennen und oft nicht einmal ein einziges Hemd besitzen, die aber immer die tragende Kraft der Gemeinschaft erfahren. Und so wachsen sie tief in dieses Bewußtsein hinein: Gott ist unser aller Vater, und wir sind seine Kinder.

Von klein auf wachsen die Kinder in die Gemeinschaft hinein, und die Gemeinschaft umgibt sie bis zu ihrer Sterbestunde. Es war immer wieder die gleiche Szene, wenn ich zu einem Sterbenden gerufen wurde, gleich ob in einer armseligen Hütte oder in einem ein wenig geräumigeren Lehmhaus. Da lag eine alte Frau oder ein alter Mann in der Hängematte oder auf einem einfachen Strohbett und kämpfte mit dem Tod. Aber in diesem Kampf war der Sterbende nicht alleine gelassen. Rechts und links vom Sterbelager die erwachsenen Kinder. Eine Tochter, die vielleicht selbst schon Enkel hatte, hielt die Hand der Alten. Eine andere wischte den Schweiß von der Stirn, und am Fußende des Bettes drängten sich die Enkelkinder und schauten mit großen Augen zu, wie die Großmutter, der Großvater immer tiefer in den Tod hineinsank. Familienangehörige und Nachbarn drängten sich in der Hütte. Sie hatten Kerzen angezündet und beteten den Rosenkranz. Und draußen vor der Hütte, unter dem Mango-Baum, hockten die jüngeren Männer und tauschten Erinnerungen über ihre Erlebnisse mit dem Sterbenden aus.

Christus – Bruder im Leiden

Erlebnis der Natur, in der sich das Leben immer wieder erneuert, und Erlebnis der Gemeinschaft, in der man sich getragen weiß – genügt das schon, um Gott gut zu nennen? Ist dies allein schon ausreichend, in bitterer Armut nicht zu verzweifeln, nicht den Glauben an Gott zu verlieren? Naturerlebnis und Erfahrung von Gemeinschaft wären in der Tat zu wenig, um das tiefe Gottvertrauen des Menschen im armen Nordosten Brasiliens zu erklären. Hier hilft uns zum Verständnis ein Satz weiter, der ihnen ebenso selbstverständlich über die Lippen kommt wie „Deus é um Bom Pai". Dieser Satz lautet: „Jesus é ñosso Irmão" – Jesus ist unser Bruder. Was der Nordestino mit dieser Aussage verbindet, scheint mir außerordentlich wichtig, nicht nur für ihn, sondern auch für uns. Im Nordosten Brasiliens sieht man Christus vor allem als den Schmerzensmann. Der Karfreitag hat fast mehr Bedeutung als Ostern. Christus der Gekreuzigte, Christus auf seinem Kreuzweg, das ist es, was die Menschen bewegt. Am Karfreitag sind alle auf den Straßen, um dem Schmerzensmann Christus zu begegnen, der in einer Kreuzweg-Prozession, von einem Mitglied der Gemeinde dargestellt, als Kreuzträger durch die Gemeinde geht. Da wird dann in volkstümlicher Dramaturgie die Leidensgeschichte Christi nachvollzogen. Jesus trifft bei seinem Kreuzweg auf die weinenden Frauen, Maria Magdalena reicht ihm ihr Schweißtuch; Simon von Zyrene hilft Jesus das Kreuz tragen. Auch die brutalen Söldner und die geifernden Hohen Priester sind dabei. Und das Volk erlebt in dieser Dramaturgie tief innerlich, daß Gott einer der ihren wird, daß Gott herabsteigt in unsere Armut und das ganze Elend menschlichen Lebens auf sich nimmt, daß er es zuläßt, verachtet, verspottet und gekreuzigt zu werden, daß er sich selbst entäußert und seine göttliche Macht nicht festhält, sondern zum Sklaven wird und sein Leben mit dem unseren teilt (Phil 2,7). Diese zentrale Wahrheit der Bibel ist den Menschen im Nordosten Brasiliens tief ins Herz gedrungen. Aus dieser Wahrheit leben sie, und dies gibt ihnen immer wieder die Kraft zu sagen, Gott ist gut. Und es ist immer wieder eindrucksvoll zu erleben, welchen Ausdruck dieser tiefe Glaube im Leben der Menschen findet.

Einmal wurde ich zu einer Sterbenden gerufen. Etwa 20 Kilometer weit vom meinem Pfarrhaus entfernt im Buschland gelangte ich zu einer armseligen Strohhütte. In einer Hängematte mitten in der Hütte lag eine etwa 28jährige Frau, die dem Tod entgegensah. Schon vier Jahre, so erzählte sie mir, lag sie in der Hängematte. Ich schaute mich um in der Hütte. Außer der Hängematte nur zwei Schemel und die Feuerstelle. Und an der Wand säuberlich aufgerollt die Hängematte des Mannes und zwei Matten für Kinder. Die Hütte war sauber aufgeräumt, der Lehmboden gekehrt. Ich fragte den Mann, der etwa gleich alt war wie seine Frau: Wer räumt denn die Hütte auf? – Ich, war die Antwort. Und wer kocht und versorgt die beiden Kinder? – Ich, sagte der junge Mann. Wer badet und pflegt die Kranke? Wieder lautete die Antwort: Ich. Dieser einfache Mann, der nicht lesen und schreiben konnte, der Tag für Tag hart arbeiten mußte, um dem kargen Boden in der Hitze nahe dem Äquator ein bißchen Mais und Bohnen abzuringen – der hatte noch die Kraft, seine Frau zu pflegen, seine Kinder zu versorgen. Kein Wunder, daß die Kranke ruhig und gelassen dem Tod entgegensah. Sie wußte ihr Haus bestellt, sie hatte in ihrem kurzen Leben das erfahren, was viele vergeblich suchen – ein Herz voll Treue und Liebe!

Und dann gab mir dieser einfache Mann eine ganz wesentliche Lehre mit – eine Lehre, die ich nie vergessen werde. Er sagte mir beim Abschied: Padre, es war nicht immer leicht, hier zu bleiben. Manchmal träumte ich von einem anderen Leben draußen in der Stadt, ohne den

Hunger, ohne das tägliche Elend, die kranke Frau, die weinenden Kinder. Aber ich bin meiner Frau treu geblieben, weil ich sie liebe. Und da habe ich mir oft gesagt: Wenn du das fertig bringst, der du doch klein und schwach bist, wieviel mehr muß Gott uns dann lieben, da er doch so groß und mächtig ist.

Das Wort dieses jungen Mannes in der armseligen Hütte im Busch hat mich tief getroffen und nicht mehr losgelassen. Die Reaktion, die wir kennen, wenn Menschen in Not und Elend geraten, lautet: Wie kann Gott dies zulassen? Und dann ist es nicht mehr weit bis zum Satz: Es gibt keinen Gott! Aber dieser Mann im Busch Brasiliens reagierte ganz anders. Und es war nicht so, wie mancher von uns jetzt denken mag, daß der Mann sich eben über sein Elend hinwegtrösten wollte. Und wenn er sich schon keinen Schnaps und keinen Rausch leisten kann, dann tröstet er sich eben mit seinem eingebildeten Gott. Religion als Opium fürs Volk, nein – ich weiß aus vielfachen Begegnungen mit Menschen dort im Nordosten Brasiliens, daß dies nicht so ist. Gott ist die Liebe, so sagt der Heilige Johannes. Wo die Güte und die Liebe, da ist Gott. Dieser arme Landarbeiter hat sich Gott nicht eingebildet, er hat ihn auch nicht sich selbst geschaffen durch seine schlichte Treue und Liebe. Er hat ihn vielmehr sichtbar gemacht, gegenwärtig in seiner Hütte. Und dieses Stückchen Lehm und Stroh dort im Busch Brasiliens wurde so zum Tempel Gottes – durch die Liebe dieses Mannes zu seiner Frau und die geduldige Liebe der Kranken. Gott ist da, er ist hier – wir können ihn sichtbar machen für unsere Mitmenschen, wenn wir sie lieben! Denn Gott hat sich uns ja als der Gott für uns und der Gott mit uns offenbart in seinem Sohn Jesus Christus, der unser aller Leiden auf sich genommen hat. Seit dieser Gotteserfahrung in Christus, dem Schmerzensmann, kann alles Leiden, können alle Schmerzen unseres Lebens uns hinführen zu Gott, der uns so sehr liebt, daß er seinen einzigen Sohn für uns hingibt. Und so bleibt es trotz allen Elends und trotz aller Not immer wieder gültig: Deus é um Bom Pai – Gott ist unser gütiger Vater!

Sicher birgt diese Haltung auch die Gefahr in sich, die Hände in den Schoß zu legen und Gott alles Übrige zu überlassen. Das Gottvertrauen kann zu einem gewissen Fatalismus führen. Und mitunter begegnet einem dieser Fatalismus auch dort im Nordosten Brasiliens. Aber das muß nicht so sein. Und das ist sicherlich auch ein Verdienst der Basisgemeinschaften, daß sie den Menschen immer wieder zeigen und sagen: Gott will nicht das Elend. Gott will vielmehr, daß sich die

Armen zusammenschließen, um miteinander ein menschenwürdigeres Leben aufzubauen. Gott will, daß die Güter dieser Erde für alle da sind, daß es zu mehr Gerechtigkeit kommt. Aber Gott will nicht, daß man sich mit Gewalt nimmt, was andere vielleicht zu Unrecht besitzen, sondern Gott lädt uns ein, daß wir den Weg seines Sohnes gehen, der seine Macht nicht mißbrauchte, um auf die Weise irdischer Gewalthaber sich andere zu unterwerfen, sondern der gekommen ist, um zu dienen und auf diese Weise eine Gemeinde zu gründen, deren Glieder einander dienen, miteinander teilen, einander ihre Liebe schenken. Das starke Gottvertrauen der Menschen im Nordosten Brasiliens braucht also nicht zum Fatalismus zu führen. Wenn es richtig gelenkt wird, führt es zu lebendigen Gemeinden nach dem Vorbild der apostolischen Gemeinde.

Leidgeprüfter Glaube – Anfrage an uns

Und noch etwas bewirkt dieser starke Glaube daran, daß Gott gut ist: Die Angst vor dem Tod tritt in den Hintergrund. Auch das habe ich von den Armen in Brasilien gelernt. Eine alte Frau, die schon jahrelang krank in ihrer Hängematte lag, gab mir diesbezüglich einmal eine sehr nachhaltige Lektion. Ich besuchte sie gelegentlich in ihrer armseligen Hütte. Dann setzte ich mich auf den Schemel neben sie, und wir plauderten miteinander. Dabei sagte sie eines Tages: „Padre, schauen Sie mal da hinauf!" Ich blickte hoch und sah unter dem Strohdach, festgezurrt mit einem Strick, einen einfachen Holzsarg, aus rohen Brettern zusammengeschlagen. „Darin werde ich einmal begraben", sagte die Alte, „und immer wenn ich da hinaufblicke, denke ich an meinen Tod und an das, was danach kommt." Zunächst war ich betroffen, dann aber mußte ich denken: Was für eine Zukunftsplanung! Denn es war ja nicht nur der Sarg, der bereitet war – es war ja auch das ganze Leben nun Tag für Tag ausgerichtet auf das, was unser aller Ziel ist – den Tod und was danach kommt.

Auch von einer solchen Zukunftsplanung, meine ich, können wir lernen. Wie weit reicht unsere Vorsorge? Machen wir nicht meist vor dem Tod halt? Wir planen dieses Leben, für die Tage der Krankheit und des Alters. Den Tod aber klammern wir aus unseren Überlegungen aus. Wir drängen ihn weg aus unserem Gesichtsfeld, schieben die

Sterbenden ab in die sterilen Zimmer des Krankenhauses. Früher hat man in der Litanei gebetet: Vor einem jähen und unvorhergesehenen Tode bewahre uns, o Herr. Heute würden viele wohl lieber beten: Einen jähen und unvorhergesehenen Tod schenke mir, o Herr. „Der hat einen schönen Tod gehabt", so sagen wir, wenn einer vom Herzschlag getroffen tot umfiel. „Er hat gar nichts vom Tod gemerkt."

Die Alte in ihrer Hütte lebte mit dem Tod – und ihre Hoffnung und ihre Vorsorge ging über den Tod hinaus ins andere Leben. So wurden Tod und Leben miteinander verbunden, und die Hoffnung weitete sich über dieses Leben hinaus.

Im Umgang mit den Menschen im Nordosten Brasiliens habe ich vielfach erfahren, welche Kraft von einem lebendigen Glauben ausgeht. In unserer Gesellschaft sagen viele: Ich kann nicht an Gott glauben. „Ach lassen Sie mich doch mit Gott in Ruhe. Ich kann einfach nicht an ihn glauben – und damit basta!", sagte mir einmal ein junges Mädchen, das etwa 17 Jahre alt war. Sie bekannte mir ihren Unglauben so überzeugt ins Gesicht, daß ich es ihr abnehmen mußte. Sie glaubte nicht an Gott – und damit basta!

Glaube vollzieht sich immer in einem Raum von Hell und Dunkel, so daß der Ungläubige Grund genug hat für seinen Unglauben – aber der Glaubende auch Grund genug für seinen Glauben. Man kann Gott nicht beweisen mit mathematischer Gewißheit, aber man kann auch nicht beweisen, daß es ihn nicht gibt. So ist es durchaus mit der Vernunft vereinbar, wie dieses junge Mädchen zu sagen: Ich glaube nicht an Gott – basta. Aber es ist auch durchaus vernünftig zu sagen: Gott ist unser guter Vater. Ein solcher Glaube, wie ihn der junge Mann in seiner Buschhütte und die Frau auf ihrem Krankenbett und all die vielen einfachen Menschen dort im Nordosten Brasiliens mir zeigten, wurzelt in der Urerfahrung des Menschen, daß wir nicht Herr des Lebens sind, sondern uns einer über uns stehenden Macht verdanken. „Erfahrung": Das ist überhaupt der wichtigste Begriff für uns, wenn wir von Unglauben und Glauben sprechen. Das junge Mädchen kennt die Erfahrung nicht, die den leidgeprüften jungen Brasilianer sagen läßt: Gott ist ein guter Vater. Den Glauben weitergeben heißt: Seine Erfahrungen mit Gott weitergeben, davon sprechen, wie Gott uns in unserem Leben begegnet – und wo, in welchen Situationen. So haben es die ersten Jünger Jesu auf dem Weg nach Emmaus getan: Sie sprachen miteinander über all das, was sich ereignet hatte! Und als er vor ihren Augen verschwand, sagten sie zueinander: „Brannte uns nicht das Herz in der Brust, als er unterwegs mit uns redete und uns den Sinn der Schrift erschloß?" (Lk 24,31)

Die Armen im Nordosten Brasiliens mögen in vielem Not leiden, sie mögen in vielem ärmer sein als wir, aber sie haben auch Reichtümer, die wir nicht besitzen oder die wir nicht mehr besitzen. Wir können von ihnen die Kraft eines Glaubens lernen, der Zuversicht schenkt trotz lebenswidriger Verhältnisse, der Hoffnung gibt trotz ausweglos erscheinender Zukunft. Wir können von ihren Erfahrungen mit Gott lernen und daraus die Hoffnung schöpfen, daß auch unser Leben einen Sinn hat, daß auch wir sagen können: Gott ist ein guter Vater. So hat es auch Jesus, unser Bruder, gelebt, der gekommen ist, um uns die Güte und Menschenfreundlichkeit Gottes kundzutun.

4. Hört Gott den Schrei des Volkes?

Das Leid der Armen als Anfrage an die Theologie (1992)

Dem Text liegt ein Vortrag zugrunde, den Norbert Herkenrath zuerst am 5.3.1992 vor der Diözesanvereinigung Münster des Verbandes katholischer Religionslehrer an Gymnasien gehalten hat. In den folgenden Jahren nahm er diese Reflexionen in verschiedenen Kontexten wieder auf – besonders dann, wenn er es mit Menschen zu tun hatte, die die Gottesfrage wirklich umtrieb.

Über die Frage zu sprechen, wie die Leidensgeschichte der Armen und die christliche Hoffnungsbotschaft zusammengebracht werden können, ist eine sehr schwere Aufgabe, denn dahinter verbirgt sich eines der kompliziertesten Themen der Theologie. Ich glaube nicht, und dies ist schon die grundlegende These meiner Ausführungen, daß wir eine befriedigende Antwort auf diese Frage geben können. Unsere Aufgabe besteht deshalb darin, dieses Problem als einen Stachel im Fleisch christlicher Identität zu behandeln, d.h. gerade die Unbeantwortbarkeit dieser Frage religiös zu leben. Das beinhaltet eine bestimmte Auffassung von christlicher Spiritualität, nämlich Spiritualität nicht als ein Ruhe-Finden zu verstehen, als eine religiöse Zufriedenheit am wärmenden Kaminfeuer, sondern als Unruhe, als Beunruhigtsein und -bleiben, als ein Unterwegssein in der Unwirtlichkeit.

Wenn wir von den Erwartungen der Armen an den christlichen Glauben sprechen, dann werden häufig der Glaube und die Hoffnung dieser Armen in den Mittelpunkt gestellt, ihr Vertrauen auf den Gott des Lebens. Das gerät leicht zu einer erbaulichen Lektion für religionsmüde Europäer, bei der das Übermaß an Leiden übersehen wird, dem die Armen ihren Glauben erst abringen müssen bzw. gegen das die Armen mit ihrem Glauben anzukämpfen versuchen. Wenn wir von den Hoffnungen und den Erwartungen der Armen sprechen wollen, müssen wir zunächst von ihren Leidenserfahrungen sprechen. Ich möchte darum eine theologische Reflexion über die Situationen versuchen, in denen die Armen ihren Glauben leben. Ich spreche dabei bewußt aus der Perspektive eines Mitteleuropäers, der sich den

Lebens- und Leidenssituationen der Armen in der Dritten Welt zu stellen versucht.

In den folgenden Überlegungen mag sich eine Beobachtung Helmut Gollwitzers bestätigt finden, wonach „uns das Rätsel des Leides und dessen Widerspruch zu den Verheißungen häufig stärker beim Anblick fremden Leides und beim Gedanken an das massenhafte, uns in seiner Sinnlosigkeit überwältigende Leid auf Erden anspringt als bei der Erfahrung eigenen Leides. ... Gerade das Leiden, das wir nur von außen erkennen, bringt uns den Widerspruch schärfer zu Bewußtsein, läßt uns an der Warum-Frage hängen bleiben und die Verheißung als ungenügende Antwort empfinden"[1]

Gott der Befreier

Ich möchte beginnen mit der Bibelstelle, auf die sich die Grundfrage „Hört Gott den Schrei des Volkes?" bezieht. Sie alle kennen diese berühmte Formulierung aus dem Exodusbuch, die die Ausgangserfahrung der gesamten jüdisch-christlichen Tradition beschreibt: „Der Herr sprach: Ich habe das Elend meines Volkes in Ägypten gesehen, und ihre laute Klage über ihre Antreiber habe ich gehört. Ich kenne ihr Leid. Ich bin herabgestiegen, um sie aus der Hand der Ägypter zu entreißen und aus jenem Land hinaufzuführen in ein schönes, weites Land, in dem Milch und Honig fließen" (Ex 3, 7.8).

Dies ist die fundamentale Aussage über den Gott, den Juden und Christen verehren. Es ist ein befreiender Gott, der mit denen, die unter Ungerechtigkeit leiden, diese Ungerechtigkeit überwindet. Er wird darum beschrieben als der Retter der Armen und Unterdrückten.

Wie Sie wissen, ist diese Exodusstelle in den letzten 25 Jahren zentral gewesen für die Erneuerung der Kirche überall in der Welt. Sie spielte eine wichtige Rolle insbesondere in der Überwindung einer kirchlichen Praxis, die sich viel zu sehr mit den existierenden Ungerechtigkeiten arrangiert hatte, ja, die gelegentlich die Ergebung in ungerechte Verhältnisse als christliche Tugend predigte. Daß Gott für die Armen und ihre Befreiung Partei ergreift, haben wir neu verstanden. Diese Einsicht basiert nicht auf einer einzigen Bibelstelle, sondern durchzieht die gesamte Hl. Schrift und findet ihre beeindruckende

---
(1) Helmut Gollwitzer, Krummes Holz – aufrechter Gang, München 1970, 173f.

Bekräftigung in Praxis und Lehre Jesu. Spätestens mit ihm wird diese befreiende Zuwendung Gottes auf alle Armen und Unterdrückten bezogen, bleibt nicht beschränkt auf sein auserwähltes Volk. Man denke an die Seligpreisungen, die Gerichtsrede oder die bekannten Programmworte Jesu, in denen er seine Sendung mit den Worten des Propheten Jesaja beschreibt: „Der Geist des Herrn ruht auf mir; denn der Herr hat mich gesalbt. Er hat mich gesandt, damit ich den Armen eine gute Nachricht bringe; damit ich den Gefangenen die Entlassung verkünde und den Blinden das Augenlicht; damit ich die Zerschlagenen in Freiheit setze und ein Gnadenjahr des Herrn ausrufe" (Lk 4, 18.19).

Geschichte ist Leidensgeschichte

Wie kann nun unsere geschichtliche Erfahrung angesichts dieses Glaubens beschrieben werden? Zu dieser Frage wäre viel mehr und Ausführlicheres zu sagen als ich es hier tun kann. Ich möchte mich konzentrieren auf eine wichtige Gegenerfahrung, die insbesondere durch die Katastrophen unseres 20. Jahrhunderts zu einer Grunderfahrung geworden ist: Die Geschichte, insbesondere wenn man sie von den Armen und Unterdrückten her betrachtet, ist vor allem eine *Leidens*geschichte, sie ist gefüllt mit Untergängen und Katastrophen, die ein tiefes Erschrecken bei jedem hinterlassen, der sich dieser Wirklichkeit vorbehaltlos zu stellen bereit ist. Ich möchte dies an drei Stationen der Geschichte erläutern.

1. Die Leiden der Indianer bei der Eroberung Amerikas

Wir begehen in diesem Jahr das 500-Jahr-Gedenken der europäischen Invasion in Amerika. Dabei haben sich Abschlächtereien von völkermörderischem Ausmaß an den Indianern ereignet. Bartholomé de las Casas hat diese Vorgänge beschrieben und angeklagt. Man geht heute davon aus, daß die indianische Bevölkerung Amerikas in den ersten 80 Jahren der europäischen Invasion von über 50 Millionen auf lediglich 9 Millionen zurückgegangen ist. Auch betont auf Sachlichkeit bedachte Historiker sprechen hier von einer „demographischen Katastrophe".

Bei den Missionaren, die gegen diese Schrecken protestierten, taucht eine Argumentationsfigur auf, die für unser Thema sehr wichtig ist. So schreibt Pedro de Cordoba, Vizeprovinzial der Dominikaner auf Haiti, am 28. Mai 1517 an Karl V.: „Die Frauen, die alle Völker wegen ihrer Schwäche von schweren Arbeiten zu verschonen pflegen, haben gearbeitet und arbeiten jetzt noch schwerer als die Männer, und das so entblößt und ohne Nahrung und Lager, wie die Männer sie haben, selbst für die von ihnen, die schwanger sind, und ohne alle andere Gleichstellung mit den Männern, *daß selbst Pharao und die Ägypter niemals derartige Grausamkeiten gegen das Volk Israel begangen hätten.*"

Am 18. Januar 1551 schreibt Bischof Juan del Valle von Popayán, die Indios seien „erschöpfter als die Israeliten in Ägypten". Und Bruder Diego de Humanzoro schreibt 1669 an Königin Mariana von Österreich: „Die persönliche Hörigkeit dieser Indios war von jeher und ist heute noch unerträglicher als die der Kinder Israels in Ägypten und Babylon, deren Sklaverei milde und sanft war im Vergleich mit dem, was diese elenden Indios zu erleiden hatten und noch haben... In den 400 Jahren der Gefangenschaft vermehrten sich die Hebräer (...) und gingen nicht unter; und unsere Indios siechen dahin in ihrem eigenen Land, seit die Spanier eingedrungen sind, zu Hunderten und zu Tausenden durch die Quälereien und die Tyrannei, die sie zu erdulden haben, und durch die Härte der Hörigkeit, der sie persönlich unterworfen sind, die schrecklicher und größer ist als die unter den Pharaonen von Ägypten."[2]

Wenn aber die Leiden der Indianer größer sind und Gott schon durch die geringeren Leiden der Israeliten in messianischer Gerechtigkeit herabgestiegen ist, um sie zu befreien, warum befreit er die Indianer nicht? Die Erwartung solcher Befreiung ist von Indianern klar formuliert worden. So heißt es in den Chilam-Balam-Büchern, einem Maya-Text: „Doch kommen wird der Tag, an dem die Tränen aus ihren Augen bis zu Gott hin gelangen und die Gerechtigkeit Gottes sich mit einem Schlag auf die Erde herniedersenkt" (vgl. Salinas, Concilium, 518). Dieser Tag ist bis heute nicht gekommen. Wie kann Gott die

---

(2) Zitiert nach: M. Salinas, Der Ruf der Propheten in der Neuen Welt,
in: Concilium 26 (1990), 513-518, 516

Schreie der Indianer hören, ihre Leiden kennen und dennoch nicht herabsteigen, um sie zu befreien?

2. Die Leiden der Juden im Holocaust

Es ist inzwischen von vielen Theologen formuliert worden, daß die Vernichtung von sechs Millionen Juden durch Deutsche, die mit dem Namen Auschwitz verbunden ist, einen Einschnitt markiert, nach dem man theologisch nicht mehr so weiterreden kann, wie vor dieser Katastrophe geredet wurde. Warum hat der Gott, der herabgestiegen ist, Israel aus der ägyptischen Sklaverei zu befreien, dieses sein Volk im Holocaust alleine gelassen? Ich zitiere aus zwei jüdischen Reflexionen dieser Frage. Die erste stammt von Rudolph Vrba, der schreibt: „Aus den Kehlen jener Tausender, die nun sterben sollten, erhob sich ein unheimliches Klagen, das gellender und gellender anstieg und immer lauter wurde und kein Ende mehr fand, eine alles durchdringende Auflehnung, die nur der Tod beenden konnte. Dann folgt die Panik. Eine Frau schwang sich über die Seite des Lastwagens. Noch eine und noch eine. Die SS-Männer rückten mit ihren Knüppeln und Peitschen vor, um alle zurückzutreiben, die zu folgen versuchten. Diejenigen, die herabgesprungen waren, wurden ebenfalls geschlagen und versuchten nun, zurückzuklettern. Sie fielen unter die immer schneller sich drehenden Räder, während dieser Leichenzug mit lebendig Toten immer schneller und schneller fuhr, bis wir ihn nicht mehr sehen konnten. Moses Sonnenschein murmelte: 'Es gibt keinen Gott...' Dann hob sich seine Stimme zu einem Brüllen: 'Es gibt keinen Gott! Und wenn es ihn gibt, verflucht ihn, verflucht ihn, verflucht ihn!'."[3]

Und Elie Wiesel schreibt: „Das ganze Lager (Auschwitz) ist auf dem Appellplatz angetreten. Drei gefesselte Häftlinge und drei Galgen, darunter ein 13jähriges Kind! Der Kleine schwieg. 'Wo ist der liebe Gott, wo ist er?', fragt hinter mir jemand. Auf ein Zeichen des Lagerchefs stieß man die drei Stühle weg. Undurchdringliches Schweigen im ganzen Lager. Am Horizont ging die Sonne unter. 'Mützen ab!', schrie der Lagerchef. Seine Stimme war rauh. Wir heulten. 'Mützen auf!' Dann begann der Vorbeimarsch. Die beiden Erwachsenen lebten nicht mehr. Ihre Zunge hing heraus: Sie war geschwollen und blau ange-

---
(3) Rudolf Vrba, Ich kann nicht vergeben, München 1964, 190

laufen. Aber der dritte Strick war noch nicht in Ruhe: Wenn auch noch ganz schwach – das Kind lebte noch. So hing es mehr als eine halbe Stunde im Streit zwischen Leben und Tod und mußte seinen Todeskampf vor unseren Augen durchleiden. Und wir mußten ihm dabei gerade ins Gesicht sehen. Es lebte noch, als ich an ihm vorbeikam. Seine Zunge war noch rot und seine Augen noch nicht erloschen. Hinter mir hörte ich den gleichen Mann fragen: 'Wo ist denn Gott?' Und ich spürte in mir eine Stimme, die ihm antwortete: 'Wo ist er? Siehe doch hier – er ist gehängt an diesen Galgen...'."[4]

3. Das Leiden der Armen

In seinem Buch „Von Gott sprechen in Unrecht und Leid – Ijob" befaßt sich Gustavo Gutierrez mit der gleichen Frage im Blick auf das Leiden der Armen in der Dritten Welt. Er stellt sich dieser Frage zunächst aus der Perspektive des Verkündigers: „Wenn ich in meinem Land predige, muß ich als Christ sagen: 'Gott liebt Euch', und ich muß dies zu sehr armen Menschen sagen. Dabei bedrängt mich immer eine kritische Vorstellung. Es kann sein, daß eines Tages mitten aus den Zuhörern jemand aufsteht und sagt: 'Wissen Sie, als Prediger sind Sie der größte Witzbold, den ich in meinem Leben jemals getroffen habe.' Denn Sie sagen: Gott liebt Euch, und zugleich sehen Sie unser Leben, das ein Ausdruck der Liebe Gottes sein soll... Wir haben Schwierigkeiten, überhaupt leben zu können, Arbeit zu finden, das Lebensnotwendige für unsere Familien zusammenzubekommen – und angesichts dessen sagen Sie: Gott liebt Euch.'"[5]

Konkret bezogen auf die peruanische Provinz Ayacucho, ein Wort, das übersetzt „Winkel der Toten" heißt, fragt sich Gutierrez, wie man angesichts der täglichen Verbrechen an der indianischen Bevölkerung in einem aberwitzigen Krieg zwischen Militär und Guerilla überhaupt noch an die christliche Hoffnungsbotschaft anknüpfen kann: „So müßten wir aus der Erfahrung Perus, das vielleicht als Symbol für ganz Lateinamerika steht, fragen: Wie kann man Theologie treiben, *während* so etwas wie Ayacucho in Gang ist? Wie kann man vom Gott

---
(4) Elie Wiesel, La Nuit, Eßlingen, 93
(5) Gustavo Gutierrez, Theorie und Erfahrung im Konzept der Theologie der Befreiung, in: J.B. Metz/P. Rottländer (Hg), Lateinamerika und Europa. Dialog der Theologen, München/Mainz 1988, 48-60; 57

des Lebens sprechen, *während* in dem 'Winkel der Toten' massenweise grausam gemordet wird? Wie kann man verkünden, Gott sei Liebe, *während* menschliches Leben dermaßen gering geschätzt wird? Wie kann man predigen, der Herr sei auferstanden, wo der Tod herrscht – insbesondere der Tod von Kindern, Frauen, Armen und Indianern, die allesamt in unserer Gesellschaft nichts gelten?"[6]

In allen lateinamerikanischen Ländern kann man, wenn auch in unterschiedlichem Ausmaß und in abgewandelter Form, solche Leiderfahrung machen, wie sie Gutierrez aus seinem Heimatland Peru berichtet.

Ich habe zehn Jahre lang im Nordosten Brasiliens in einer immer wieder von der Dürre heimgesuchten Region gewohnt. Die Menschen dort leben in bitterer Armut, haben kaum das zum Leben Notwendige. Ich habe es einmal miterlebt, wie eine Mutter in einem einzigen Monat drei ihrer Kinder beerdigte, die hintereinander starben, weil ihr ausgemergelter Körper einer Grippeinfektion nicht gewachsen war, die unseren Kindern hier in Europa allenfalls einmal zwei Tage Bettruhe bescheren würde. Ich habe es mit angesehen, daß Mütter ihren Kindern abends eine stramme Binde um den Leib wickelten, damit diese den Hunger nicht so spürten. Wenn monatelang der Regen ausblieb und im Sertão der graue Staub die Landschaft wie mit einem Leichentuch überzogen hatte, wenn die Quellen eine nach der anderen versiegten und man nur noch kilometerweit entfernt fauliges Wasser in brachigen Tümpeln fand, dann setzte das große Sterben ein, und es waren zunächst die Kinder, die dann keine Kraft mehr zum Überleben hatten. Wie lange kann man es aushalten, ohne etwas zu essen, habe ich einmal eine Frau gefragt und sie sagte: Padre drei oder vier Tage, das kommt häufiger vor, das ist halt das Schicksal der Armen.

Diese Armen erfahren ihre Leidensgeschichte als das ihnen zugedachte Leben und sie sind davon überzeugt, daß Gott ihnen dieses Leben bestimmt hat, denn sie glauben fest an Gott und sie nennen ihn trotz all dieser ihrer Leidenserfahrung immer wieder den guten Gott: Deus é um bom pai! Aber kann man wirklich ein solches Lebensschicksal mit dem „guten Gott" in Übereinstimmung bringen? Drängt sich in solchen Situationen nicht der Verdacht auf, es sei sinnlos, nach einem Sinn dieser Geschichte zu suchen?

---

(6) Gustavo Gutiérrez, Von Gott sprechen in Unrecht und Leid – Ijob, München/Mainz 1988, 152

Und theologische Erklärungsversuche dieses Leidens werden leicht zynisch, auch wenn sie nicht so gemeint sind. Die affirmative Rede von Gottes Gegenwart oder von seinen Spuren in der Geschichte, seinem Vatersein und seinem rettenden Handeln schlägt um in Klage und Protest. Das Leiden der Armen kündet von einer Abwesenheit Gottes, die im Kreuzesschrei Jesu ihren Ausdruck findet: „Mein Gott, mein Gott, warum hast Du mich verlassen?"

Gutierrez schreibt über diesen Satz: „Dieser Schrei darf nicht zum Schweigen gebracht werden. Wer ungerecht leidet, hat ein Recht darauf, zu klagen und zu protestieren. So bringt er seine Verlegenheit und zugleich seinen Glauben zum Ausdruck. In Lateinamerika kann man keine Theologie treiben, ohne die Situation der Letzten der Geschichte zu berücksichtigen. Das aber heißt, zu gegebener Zeit wie Jesus zu rufen: 'Mein Gott, mein Gott, warum hast Du mich verlassen?'"[7]

Von Gott sprechen in Unrecht und Leid

Die geschichtliche Erfahrung der Armen führt in die traurige Erfahrung eines Nicht-Befreitwerdens aus äußerster Not. Gleichwohl halten gerade die Armen selbst an der Hoffnung auf den befreienden Gott fest. Manchmal ist sie ein verzweifeltes Festhalten, weil es keine andere Hoffnung gibt. Sie sind wie verdammt zur Hoffnung auf Gott, um nicht von der Verzweiflung umgeworfen zu werden.

Wenn wir über diese Situation sprechen wollen, wenn wir die Leidenserfahrungen der Armen ebenso ernst nehmen wollen wie die Hoffnungsbotschaft der jüdisch-christlichen Tradition, wie können wir dann angemessen von Gott und von Hoffnung sprechen? Es gibt verschiedene Versuche, und einige davon sind in den eben geschilderten Situationen bereits angesprochen worden.

1. Ohnmächtiges Mitleiden Gottes

Aus dem Bericht von Elie Wiesel kann eine theologische Reflexion auf die Ohnmacht Gottes abgeleitet werden, also ein Versuch, ihn als Mitleidenden zu denken, der die Unheilsgeschichte nicht mit

---

(7) Gutiérrez, Ijob, 150

messianischer Macht stillzustellen vermag, sondern selbst die Leiden der Menschen teilt. In christologischer Akzentuierung hat Jürgen Moltmann diese Auffassung in seinem Buch „Der gekreuzigte Gott" in beeindruckender Weise entwickelt. Bei den Armen selbst findet sich ein tief in ihren Herzen wurzelndes Vertrauen auf den gekreuzigten Gott, der mit seinem Volk mitleidet. Ich habe das einmal sehr eindrucksvoll gespürt an einem Karfreitag in meiner früheren Pfarrgemeinde im Nordosten Brasiliens.

Wir hatten die Gemeinde eingeladen, zur Karfreitagsfeier in die Stadt zu kommen, die für die weit ausgedehnte Pfarrei als Zentrum diente. Und so kamen aus den Dörfern, zehn bis zwanzig Kilometer im Umkreis gelegen, die Menschen in kleinen Prozessionen zur Pfarrkirche in die Stadt, und auf dem großen Platz vor der Kirche fand die Karfreitagsfeier statt. Mehrere tausend Menschen kamen zusammen und jede Dorfgemeinde brachte ein Kreuz mit. Auf diese Kreuze hatten sie Zettel aufgeheftet, die von ihrem Leid, ihrer Todeserfahrung erzählten. Die Kreuzträger stellten sich nun rings um den Altar, und einer nach dem anderen sprach laut ins Mikrofon hinein, was seine Gemeinde, seine Dorfgemeinschaft an Leid zu berichten hatte. Da war vom Leiden der Mütter die Rede, die ihre Kinder sterben sehen, Mütter, die nicht wissen, wie sie den Hunger ihrer Kinder stillen können. Da war vom Leid der Familien die Rede, deren Väter auf Suche nach Arbeit abgewandert waren in die großen Städte und dort verschollen waren. Da war vom Leid der jungen Leute die Rede, die keine Zukunftsperspektive vor sich sehen und keine Bildungsmöglichkeiten haben. Es wuchs der Wald der Kreuze und es wurde mir immer beklommener ums Herz angesichts der Vielfalt und der Wucht des Leidens, dem diese Menschen unterworfen waren.

Und ich dachte, was kann ich als Priester jetzt noch sagen, wie kann ich auf all dies antworten? Aber da stand ja mitten zwischen diesen Kreuzen aus den Dörfern das große Kreuz mit dem gekreuzigten Christus. Und ich sah, wie die Menschen voll Vertrauen und voll Glauben auf dieses Kreuz hinschauten. Es wurde mir sehr deutlich bei dieser Karfreitagsfeier, daß alleine schon das Wissen darum, daß Gott sich mit ihrem Leid solidarisiert, für diese Menschen eine Antwort darstellt.

Diese Erfahrung deckt sich mit Analysen des lateinamerikanischen Volkskatholizismus, der ja auch von theologischer Seite in den letzten zwanzig Jahren eine neue Wertschätzung erfahren hat. Wir leben in

Europa in Gesellschaften, in denen Leiden und Tod eher verdrängt als bewältigt werden, und wir neigen dazu, schon die Tatsache zu kritisieren, *daß* Leid und Tod den lateinamerikanischen Volkskatholizismus so wesentlich bestimmen. Es ist aber vielmehr eine Leistung der Armen, Leid, Sterben und Tod eine Ausdrucksform zu geben. Wenn die Armen den Kreuzweg nachempfinden, geben sie damit zugleich ihrer Alltagserfahrung Ausdruck: Das herzzerreißende Nachempfinden der Leiden Christi geht über in die herzzerreißende Traurigkeit über die eigene Situation. Das ist nicht einfach die Wiederholung oder gar Verdoppelung des erfahrenen Leides, denn die liturgische Ausgestaltung etwa des Kreuzwegs, das Einfühlen in das damalige Leid Jesu, kann trösten. Das Leiden Christi vermittelt den Trost des Mitleidens, es sind „mitgeweinte Tränen", die den heute Leidenden stützen. Solcher Trost aus solidarischem Mitleiden ist nicht einfach eine Vertröstung, sondern kann Kräfte zur Bewältigung des alltäglichen Leides vermitteln. Der Volkskatholizismus ist so ein Raum, um die eigenen Leiden und Demütigungen zur Sprache zu bringen, um zu klagen, um Bitterkeiten auszuleben – und sie so zu verarbeiten, zumindest zum Teil.

Auf der *theologischen* Ebene, wo es um das *Denken* Gottes und seiner Verheißungen geht, bleibt ein Widerspruch zwischen dem Trost aus Mitleiden und der Hoffnung auf den befreienden Gott, der in der Lage ist, das Leiden zu beenden. Die Vorstellung eines ohnmächtig mitleidenden Gottes gibt zwar eine Antwort auf die Frage, warum er nicht zugunsten der Armen und Unterdrückten handelt, aber die christliche Verheißung setzt auf einen geschichtsmächtigen Rettergott, der genau diese Armen und Unterdrückten von ihren Leiden zu befreien in der Lage ist. Die Erwartung, daß Gott diese Erde verwandeln und befreien wird, darf nicht durch einen Hinweis auf Gottes Ohnmacht zersetzt werden. Die Macht, die Zeit still zu stellen, das Leiden zu beenden und die Toten zu retten, gehört in der jüdisch-christlichen Tradition zum Begriff Gottes dazu. Die Nichterfüllung dieser Verheißung bleibt ein Rätsel, das nicht zu lösen ist und zu einer Erfahrung Gottes führt, die Karl Rahner als die Erfahrung eines „schweigenden Geheimnisses" beschrieben hat. Diese Erfahrung Gottes als Geheimnis ist sehr nahe an einem Empfinden der Abwesenheit Gottes.

2. Der erhabene Gott

Dies ist die zweite Form, auf die Leidensgeschichte zu reagieren: „Abwesenheit Gottes". Die *atheistische Variante* begründet sich selbst als Atheismus ad maiorem dei gloriam, als Atheismus zur größeren Ehre Gottes. Denn wenn Gott der Gott ist, der die Leiden seines Volkes hört und herabsteigt es zu befreien, angesichts der furchtbaren Leiden der Geschichte die Armen aber nicht befreit, dann ist es besser für ihn, daß es ihn nicht gibt.

Die *gläubige Aufnahme* der Erfahrung von Gottes Abwesenheit versucht, Entschuldigungen zu finden. Auch bei den Armen selbst gibt es diese Vorstellung. So berichtet ein deutscher Pater von Gesprächen in salvadorianischen Flüchtlingslagern, wo eine Gemeinde sich mit der Frage auseinandersetzte, warum sie all dieses Leid zu ertragen habe und warum Gott ihnen nicht helfe. Die Armen selbst gebrauchten Formulierungen wie „vielleicht schläft er"; „vielleicht hat er Wichtigeres zu tun"; „es ist eine Strafe für unsere Sünden"; „vielleicht bezweckt er etwas mit unserem Leid, das wir nicht kennen" usw. Es ist sehr schwer, diese Aussagen richtig einzuordnen, denn sie dokumentieren einen beeindruckenden unbedingten Glaubenswillen ebenso wie eine mögliche Unterwürfigkeit, die eher aus der Kirchendisziplin als aus der Frohen Botschaft kommt.

Diese Überlegungen der Armen weisen in eine Richtung, die auch Gutierrez in seinem Ijob-Buch einschlägt, wobei er die schon in der biblischen Geschichte angesprochene Erklärung aufnehmen kann: Es ist den Menschen als den *Geschöpfen* unmöglich, den Sinn des Verhaltens ihres *Schöpfers* zu entschlüsseln; es wäre vermessen von den Menschen, sich ein Urteil über Gott anmaßen zu wollen. Genau in diesem Sinne weist Gott in der biblischen Erzählung Ijob zurecht: „Da antwortete der Herr dem Ijob aus dem Wettersturm und sprach: ... Wo warst Du, als ich die Erde gegründet? Sag es denn, wenn Du Bescheid weist. (38, 1.4) Bist Du zu den Quellen des Meeres gekommen, hast Du des Urgrunds Tiefe durchwandert? Haben Dir sich die Tore des Todes geöffnet, hast Du der Finsternis Tore geschaut? (38, 16.17) Willst Du wirklich mein Recht zerbrechen, mich schuldig sprechen, damit Du Recht behältst? Hast Du denn einen Arm wie Gott, dröhnst Du wie er mit Donnerstimme? (40, 8.9) ... Da antwortete Ijob dem Herrn und sprach: Siehe, ich bin zu gering. Was kann ich Dir erwidern? Ich lege meine Hand auf meinen Mund (40, 3.4)."

Helmut Gollwitzer nimmt diese Überlegung in seinem Buch „Krummes Holz – aufrechter Gang" auf und kommentiert: Ijob wird „durch die nun an ihn gestellten Fragen an seinen Ort gewiesen, an den Ort des Menschen *unter* Gott, der Gottes Handeln nicht nachrechnen kann, dessen Weisheit nicht ausreicht, Gottes Weisheit zu kontrollieren, ob sie auch wirklich Weisheit sei, dem also Gott nicht eine einsichtige, für ihn nachrechenbare Antwort schuldig ist. Er wird an den ihm zukommenden Ort der Demut verwiesen"[8]. Allerdings, auch darauf weist Gollwitzer hin, liegt der Trost, der Ijob zuteil wird, nicht in den Inhalten dieser Sätze, sondern in der Tatsache, *daß* Gott ihn anspricht: Die Antwort „geschieht nicht in einem aufklärenden Satz, sondern dadurch, daß Gott sich dem Hiob von Person zu Person zu erkennen gibt: Einfach dadurch, *daß* er nicht stumm bleibt, *daß* er, Gott, mit Hiob redet, wird hier bestätigt, daß er Recht getan hat..."[9].

Diesem Gedanken folgend wird aber auch die Grenze dieser Antwort sichtbar: Wer nur die Sätze Gottes an Ijob kennt, sie aber nicht als Anrede Gottes erfährt, findet keine Antwort auf seine Frage, ob die Leidensgeschichte der Menschen nicht die Verheißungen der Befreiung und die auf sie setzende Erwartung widerlegen.

3. Gott als schmerzhaftes Geheimnis

Eine andere Antwort, die ebenfalls an Passagen aus dem Ijob-Buch anknüpfen kann, hält an der Nichtverstehbarkeit des Widerspruchs zwischen Erfahrung und Verheißung fest und lebt diesen Widerspruch leidend aus. Hier wird dann auf die im Christentum leider allzu vernachlässigte jüdische Tradition eines Haderns mit Gott zurückgegriffen, auf ein Streiten mit Gott, den Protest gegen ihn. Spiritualität ist hier nicht Unterwürfigkeit und auch nicht das heute viel gepriesene Wandeln im Urvertrauen, sondern zerreißende Auseinandersetzung, Ringen mit Gott, Leiden an ihm.

Es gibt eine jüdische Geschichte, die dies markant zum Ausdruck bringt. So heißt es in der Chronik des Salomon Ibn Verga „Schewet Jehudah" von 1550: „Ich hörte von alten Emigranten aus Spanien, daß ein Schiff mit Flüchtlingen von der Pest heimgesucht wurde. Der

---
(8) Gollwitzer, Krummes Holz, 236
(9) Gollwitzer, Krummes Holz, 237

Kapitän warf sie auf einem unbebauten Ort ans Land. Viele starben vor Hunger, einige wenige rafften sich auf und gingen, bis sie etwa einen bewohnten Ort fänden. Einer der Juden hatte seine Frau und zwei kleine Söhne mit sich. Die Frau, des Marschierens ungewohnt, wurde schwach und starb. Der Mann trug die Kinder weiter, bis er ohnmächtig niedersank. Als er aufwachte, fand er beide Söhne tot. In seinem Schmerz stand er auf und sprach: 'Herr der Welten! Viel tust Du, damit ich meinen Glauben aufgebe. Wisse aber, daß ich sogar den Himmelsbewohnern zum Trotz ein Jude bin und ein Jude sein werde. Da wird nichts nützen, was Du auch über mich gebracht hast und noch über mich bringen magst.' Dann raffte er ein wenig Staub und Gräser auf, bedeckte damit die toten Kinder und ging seines Weges, um eine bewohnte Stätte zu suchen"[10]. In einer solchen Haltung kann beides gelebt werden: die Erwartung der Verheißung und die Erfahrung des Leidens. Und die Menschen müssen nicht unterwürfig die Unfaßbarkeit Gottes akzeptieren, sondern treten fragend und klagend und gerade so auch in Treue vor sein Angesicht. Dies führt wieder zu der schon angesprochenen Erfahrung Gottes als „Geheimnis".

Dem Zweifel eine Hoffnung abringen

Hört Gott den Schrei des Volkes? – Die Armen erwarten eine Befreiung aus der Unrechtssituation, in der sie zu leben gezwungen sind, und sie erwarten, daß Gottes Gerechtigkeit dafür sorgen wird, daß der Tod nicht das letzte Wort spricht. Gegen einen daraus abgeleiteten Befreiungsoptimismus steht aber die geschichtliche Erfahrung unermeßlicher Leiden der Armen, deren Ende nicht absehbar ist. Die Armen erwarten Gerechtigkeit von Gott, und viele haben für diese Erwartung ihr Leben riskiert und sind umgebracht worden. Der Schrei des Volkes ist auch ein Schrei nach der Erfüllung der Befreiungsverheißung, er drückt die Dringlichkeit einer Bestätigung dieser Verheißung aus. Denn wenn die Verheißung sich nicht erfüllt, kippt alle Hoffnung in umfassende Sinnlosigkeit. Der in der Bedrängnis gelebte Glaube der Armen umfaßt nicht allein Hoffnung, sondern auch Zweifel, Protest und Aufschrei. Vielleicht ist solch existentielle Dramatik aber auch eine Möglichkeitsbedingung für ein wirkliches

---
(10) Zitiert nach: Dorothee Sölle, Leiden 1973, 111

Wachstum im Glauben. Wir haben von den Armen nicht einfach nur die Kraft zur Hoffnung zu lernen, sondern vor allem den inneren Zusammenhang von Glaube, Zweifel, Gefahr und Hoffnung. Die christliche Hoffnung ist kein munterer Optimismus, sondern eine aus der Verzweiflung herausgebrochene Sehnsucht, die mit der Erfahrung Gottes als „Geheimnis" ringt. Glaube und Zweifel sind nicht fein unterscheidbar, sondern gehen ineinander über. Und es kommt gerade darauf an, diese Spannung, diese Unruhe nicht abzubrechen, sondern zu leben. Vielleicht kann man es auch so sagen: Keine Erfahrung von Hoffnung ohne die Erfahrung von Verzweiflung.

Gegen den Entwicklungspessimismus

Es war nicht allein der kulturelle Optimismus des Rheinländers, der Norbert Herkenrath dazu trieb, energisch gegen den Entwicklungspessimismus einzutreten. Es waren vor allem seine vielfältigen Erfahrungen in der Entwicklungsarbeit, die ihm einen klaren Blick dafür gaben, daß es in den Ländern der Dritten Welt viele hoffnungsvolle Aufbrüche gibt, und daß in unserem eigenen Land eine ungebrochen große Bereitschaft zu weltweiter Solidarität besteht. Er sah sehr deutlich, wie der Entwicklungspessimismus zu einem Gift dieser Solidaritätsbereitschaft zu werden droht und stellte sich ihm leidenschaftlich entgegen. Es ist – dies war seine immer wieder vorgetragene Einsicht – kein frommes Wunschdenken, das dem Entwicklungspessimismus entgegengesetzt wird, sondern es sind gute, solide Sachargumente, die ihn widerlegen.

5. Entwicklungspolitik am Ende? (1983)

Solange es Entwicklungspolitik gibt, solange gibt es auch den Zweifel an ihrer Legitimität und an ihrem Sinn. Schon kurz nach seinem Arbeitsantritt als Misereor-Hauptgeschäftsführer bekam Norbert Herkenrath dies zu spüren. Der folgende Text gibt ein Statement wieder, das Herkenrath am 19.11.1983 auf einer Tagung der Evangelischen Akademie Mülheim/Ruhr gehalten hat. Diese Tagung wurde in Zusammenarbeit mit der evangelischen und katholischen Studentengemeinde Duisburg veranstaltet.

Die provozierende Frage, die über dieser Tagung steht: Entwicklungspolitik am Ende? bringt mich dazu, meinen Beitrag zur kirchlichen Entwicklungsarbeit mit einem ebenfalls provozierenden Fallbeispiel einzuleiten. Ich will Ihnen berichten über ein ganz kleines, man könnte sagen, geradezu unscheinbares Projekt, das natürlich dann die Frage aufwirft, was so ein kleines Projekt angesichts des riesigen Elends in der Welt schon bewirkt. Aber bevor ich auf diese Frage eingehe, möchte ich zunächst das Projekt vorstellen.

Ein kleines Projekt

Es handelt sich um ein Misereor-Projekt für Angehörige des Badjao-Stammes in Sta. Cruz, Davao del Sur auf Mindanao, der zweitgrößten Insel der Philippinen. Im Südzipfel dieser Insel Mindanao liegt die Provinz Davao del Sur mit der Hauptstadt Digos, die im Jahre 1973 knapp 50.000 Einwohner zählte. Die Bevölkerung der Provinz belief sich auf etwa 800.000. Die Menschen leben hauptsächlich vom Reisbau, von Kokospflanzungen, Fischerei, Forstwirtschaft und Bergbau. Wie in allen anderen Ländern so sind auch in den Philippinen die Minderheiten in ihrer kulturellen und wirtschaftlichen Selbständigkeit bedroht. Sie kennen meist kein Privateigentum an Grund und Boden. Die Stammesgebiete gelten daher nach den staatlichen Gesetzen als herrenlos und offen für den privaten Erwerb. Auf Mindanao werden die 1,9 Millionen Menschen umfassenden Bergstämme unter dem Sammelbegriff Mindanao-Lumads geführt. Sie leben meist im hügeligen bis gebirgigen Hinterland.

Die Badjao sind einer dieser Stämme. Sie zählten 1983 28.536 Angehörige. Ihr Stammesgebiet war ursprünglich das Sulu-Archipel im äußersten Südwesten des Landes. Die Badjao sind Moslems und gehören der niedrigsten Kaste an, so daß sie auch von ihren Glaubensbrüdern verachtet werden. Von den Christen wurden sie über Jahrhunderte bekämpft. Die Badjao werden Nomaden der See, seagipsies, genannt. Die Männer jagen auf der hohen See Fische mit Harpunen oder sind Korallentaucher, die Frauen weben und betreiben etwas Gartenbau. Nahrungsmittel neben Fisch sind Bananen und Cassava.

Die Badjao nehmen täglich zwei Mahlzeiten ein – am späten Vormittag und am Abend. Die Kinder werden bis zum Alter von 8 bis 9 Jahren nicht bekleidet. Dies dient zur Abhärtung gegen Hitze, Kälte und Wind. Die Stammesautorität liegt bei den Ältesten, die gleichzeitig Priester sind. Krankheiten werden nach der Tradition als Strafe Gottes hingenommen. Arztbesuche oder ärztliche Behandlung sind nach diesem Verständnis unzulässig.

1947 gründete der damalige Pfarrer in Digos die erste katholische Schule in der Provinz Davao del Sur. Die Schwesternkongregation der Religious of the Virgin Mary übernahm die Schule. Sie wurde bis 1960 ausgebaut und umfaßt heute Grund- und Sekundarschule für insgesamt 1000 Schüler nebst einem Kindergarten. Eine knappe Autostunde nördlich von Digos liegt das kleine Fischerdorf Sta. Cruz. Dort unterhalten die Schwestern eine Außenstation. 1973 ließ sich dort eine Gruppe von 50 Familien des Badjao-Stammes nieder. Sie wurden angezogen von den reichen Fischgründen in der Apo Beach. Nach einem heftigen Taifun, der 1974 über das Gebiet hinwegraste und alle Häuser der Badjao mit ins Meer riß, zogen die meisten weiter. Zurück blieb eine Gruppe, die heute aus 30 Familien besteht mit 70 Erwachsenen und 35 Kindern. Diese Menschen hatten bisher nie Schulen besucht. Da sie vollständige Analphabeten waren, hatten sie keinen Marktzugang. Sie litten unter Minderwertigkeitsgefühlen, die sich auch darin zeigten, daß sich mehrere als Bettler durchschlugen. Aufgrund der Fehlernährung wurden viele Kinder mit Augenfehlern geboren. Die beiden christlichen Nachbardörfer standen der Siedlung ablehnend gegenüber. Da nur diese Dörfer über Süßwasser verfügten, war die Situation für die Badjao-Splittergruppe äußerst prekär. Hinzu kam, daß die traditionelle Haltung der Stammesmitglieder ihre Integration in die öffentliche Gesellschaft erschwerte.

1977 stellte das Erziehungsministerium zwei Lehrer an, die aber bald wieder abgezogen wurden, da die Badjao sich als noch nicht „erziehungsfähig" im Rahmen des philippinischen Schulwesens erwiesen hätten.

Anfang 1982 erhielt Misereor von den Schwestern zwei Anträge. Einmal beantragten sie einen Zuschuß von 162.000,– DM zum Bau eines Mehrzweckgebäudes an der Holy Cross Sekundarschule in Digos. Dieser Antrag wurde von Misereor abgelehnt. Im zweiten Antrag stellten sie ein einjähriges Alphabetisierungsprogramm für die Angehörigen des Badjao-Stammes in Sta. Cruz vor und beantragten 6.000,– DM. Dieser Betrag wurde bewilligt. Das Projekt wurde durchgeführt. Wir erhielten die im Vertrag vorgesehene Abrechnung und einen siebenseitigen Sachbericht Mitte dieses Jahres.

Das Programm:

Eine Schwester, die in Sta. Cruz als Sozialarbeiterin tätig ist, beantragte Hilfe für folgende Aktivitäten:

1. *Grundschulausbildung für die Kinder.*
2. *Nicht-formale Bildung für die Erwachsenen.*

Die Erwachsenen lernten Lesen und Schreiben in Badjao, Visayan (dem örtlichen Dialekt) und Filipino. Ferner lernten sie im Mathematikunterricht den Umgang mit der Uhr, Gewichten und Entfernungen, Maßeinheiten und der Währung. Ferner lernten sie andere Fischfangmethoden als mit der Harpune oder mit Pfeil und Bogen, eigene Geschichte und die Geschichte von Nachbarstämmen. Sie wurden unterrichtet in örtlichen Kulturen und Religionen, Gesundheit, Hygiene, Ernährung und verantwortlicher Elternschaft.

3. *Halbtägige Seminare für die Erwachsenen.*

Es wurden Seminare durchgeführt mit Themen wie: Gesundheitserziehung und Medikamentenversorgung, Auskochen von Kokosmilch, um Öl zu gewinnen, Kinderpflege und Ernährung, Beratung über die Erkrankung und Behandlung von Lepra mit 25 Teilnehmern. 12 Ehepaare nahmen an einem Seminar über Familienplanung teil.

Die gesamten Kosten für 10 Monate betrugen umgerechnet in deutscher Währung knapp 6.000,– DM. In dem erwähnten Bericht vom 23. Mai d. J. schildert die Schwester, daß es zwischen den Bewohnern der beiden christlichen Dörfer und den Badjao zu einem echten Dialog gekommen ist. Man spielt gemeinsam Volleyball, besucht sich gegenseitig bei Tanzveranstaltungen und Dorffesten. Einem Bootsmacher, der Badjao ist, ist es sogar gelungen, seine Boote an Christen zu verkaufen. Die Badjao haben Vertrauen zu sich selbst gewonnen, sie sind selbständiger, ihr Lebensstandard hat sich gehoben. Als besonderer Erfolg wird gemeldet, daß die Badjao, als eines ihrer Boote von der Polizei konfisziert wurde (sie wurden des Schmuggels zwischen und mit den aufständischen Moslems verdächtigt), selbst und ohne daß die Ordensschwester dabei war, Verhandlungen mit einem Rechtsanwalt, der Küstenwache-Polizeistation und der Asservatenstelle aufnahmen, ja schließlich selbst vor Gericht erschienen. Die Badjao kennen inzwischen die Fischereiverordnungen des Landes, sie vermarkten selbst, ohne betrogen zu werden. Die Frauen flechten Körbe und weben Matten. Sie entscheiden selbst, auch wenn die Männer nicht dabei sind. Ferner sind sie bei den gemeinsamen Sitzungen zugelassen. Die Badjao wurden daran gewöhnt, in Süßwasser zu baden und ihre

Wäsche zu waschen. Sechs Leprakranke konnten dazu gebracht werden, den Arzt aufzusuchen, allerdings muß die Schwester die Behandlung finanzieren. Als Mängel werden von der Schwester angegeben, daß noch immer die Sorge um die Gesundheit vernachlässigt werde und daß viele Badjao noch in schmutziger Kleidung umherliefen, obwohl sie sich inzwischen gerne baden würden.

Vom Einzelprojekt zum Entwicklungsprozeß

Soweit dieses Projekt, das wohl nie Schlagzeile machen wird, aber das – wie mir scheint – eine recht eindeutige Antwort auf die Frage gibt, ob Entwicklungspolitik am Ende ist. Es ist im Grunde die Antwort, die schon Kardinal Frings gab, als er Misereor ins Leben rief. Er sagte damals: Soll man dem einen nicht helfen, wenn man 999 anderen doch nicht helfen kann? Das Projekt in Sta. Cruz auf Mindanao wird sicher nicht die wirtschaftlichen und politischen Verhältnisse auf den Philippinen ändern, aber es hat 105 Menschen aus ihrer Isolierung herausgeführt und ihnen mehr Leben verschafft. Und das scheint mir wichtig.

Das ist immer wieder Ansatzpunkt und zugleich Ziel kirchlicher Entwicklungsarbeit. Im Mittelpunkt dieser Arbeit steht der Mensch, und zwar der Mensch in seiner konkreten Not. Unsere Projekte dienen immer ganz konkret Menschen in Not und versuchen, ihnen zu helfen, daß sie auf eigenen Füßen stehen und ihr Leben selbst meistern können. Misereor hat inzwischen über 40.000 solcher Projekte gefördert – wohlgemerkt: gefördert, nicht selbst durchgeführt, denn wir setzen auf Partner vor Ort, die die Projekte durchführen. Mehr als 3,3 Milliarden DM sind in den 25 Jahren Misereors in solche Projekte geflossen. Das Leben zahlloser Menschen hat dadurch mehr Zukunft und mehr Fülle und Inhalt bekommen, ist menschenwürdiger geworden. Das scheint mir den Einsatz wert, auch wenn das sichtbare Elend in dieser Welt nicht zurückgedämmt scheint.

Allerdings können wir durchaus darauf hinweisen, daß die Erfahrung und die wachsende Partnerschaft in aller Welt uns inzwischen zu immer besseren und ausgedehnteren Projekten verhilft. Da ist etwa eine spürbare Bekämpfung des Hungers in der Sahel-Zone durch ein integriertes Projekt in ländlicher Entwicklung zu nennen. Bei diesem Projekt geht es um Brunnenbau. In den vier Jahren, da dieses Projekt nun schon besteht, sind insgesamt 215 neue Brunnen gebaut und 51 bestehende vertieft worden. Zu diesem Projekt gehört Gartenbau, der jetzt schon mehr als 50 jungen Gärtnern eine durchaus ansehnliche Existenz bietet. In fünf verschiedenen Diözesen konnten Gruppen von 5 bis 15 Personen Unterstützungen erhalten, die ihnen das Anlegen von Gärten, die Beschaffung von Motorpumpen, den Bau von Brunnen, die Anlage eines kleinen Staudammes ermöglichen. Darüber hinaus konnte eine Gärtnergenossenschaft mit 30 Mitgliedern eine Starthilfe erhalten. Zu diesem Projekt gehört ferner eine umfassende Beratungs- und Aufklärungskampagne, die in vielen Dörfern Wiederaufforstungsprogramme in Gang setzte. Alphabetisierungsprogramme gehören ebenfalls dazu, in denen schon mehr als 2000 Personen erfaßt wurden. Frauen- und Mütterberatung finden bei den Mädchen und Frauen in den Dörfern großes Interesse. Seit 1978 wurden von der Dorfbevölkerung 151 kleine Hauswirtschaftszentren errichtet und eingerichtet. Insgesamt erfaßt dieses Programm derzeit mehr als 5700 Frauen und Mütter. Die Dorfbevölkerung unterhält je nach Dorfgröße 3 bis 4 Beraterinnen. Arbeits- bzw. Lehrmaterial wird zur Verfügung gestellt. Eine bestehende Haushaltungsschule in Kaya konnte renoviert und eingerichtet sowie in Tema Boken eine neue errichtet werden. Derzeit werden hier 85 Mädchen ausgebildet im Rahmen eines vierjährigen Ausbildungsprogramms mit den Schwerpunktthemen: Handarbeit, Hauswirtschaftslehre, Landwirtschaft, Kleintierzucht sowie Allgemeinbildung. Zu diesem sehr flächendeckenden Projekt gehören auch Kleinprojekte-Fonds und Zuschüsse zum Unterhalt des regionalen Entwicklungsbüros.

Ein ähnliches Projekt, das ein Gebiet von über 150 Dörfern an der Ostküste Indiens umfaßt, habe ich selbst im Mai d.J. besucht. Es handelt sich hier um ein Wiederaufbauprojekt in Diva-Sema, einem vom Taifun 1977 zerstörten Gebiet. Damals sind dort 15.000 Menschen umgekommen. Das zu diesen 150 Dörfern gehörende Land wurde vom Salzwasser überschwemmt und damit unbrauchbar gemacht. Inzwischen existieren in allen diesen Dörfern Fischer- und Bauerngenossenschaften. Besonders beeindruckte mich, daß in diesen zu einem großen Teil von Moslems bewohnten Dörfern die Frauen, die bis dahin in völliger Abhängigkeit und Unterdrückung lebten, ihr Leben zunehmend selbst organisieren und Frauengenossenschaften gegründet haben. Durch Kleinkredite haben sie sich Milchkühe anschaffen können und sind inzwischen ernstzunehmende Partner der

Molkereien geworden, die die Milch in den Dörfern abholen und den Familien damit eine wesentlich bessere Lebenschance geben.

Zu den von Misereor geförderten Projekten gehören manche weitreichende Basis-Gesundheitsdienste oder Gemeinwesen-Projekte in städtischen Elendsvierteln. Im Grunde sind sie alle angelegt wie das anfangs geschilderte Projekt. Man braucht Menschen vor Ort, die bereit sind, mit Verstand und ihrem ganzen Einsatz bessere Lebensbedingungen für Arme und Elende zu schaffen. Sie benötigen Beratung und die erforderlichen Mittel, damit sie die Armen aktivieren können.

Veränderung der Rahmenbedingungen – auch im eigenen Land

Das alles scheint mir ein sehr sinnvolles Tun zu sein. Aber es führt natürlich noch nicht dazu, Armut und Hunger über den immer noch kleinen Kreis dieser Gruppen hinaus weltweit zu bekämpfen. Das kann erst gelingen, wenn diese Entwicklungsarbeit der Kirchen von Entwicklungspolitik begleitet wird. Alles Bemühen an der Graswurzel muß begleitet werden von politischen Maßnahmen. Die Arbeit an der Basis, das Bemühen um Selbsthilfegruppen hat aber spürbar dazu geführt, die Notwendigkeit solch flankierender Maßnahmen einer gerechten Sozialpolitik zu erkennen und einzufordern. Es ist bemerkenswert, daß sich hier insbesondere die Kirchen in den Entwicklungsländern, vor allem in Lateinamerika und den Philippinen, zum Anwalt und zum Sprecher der Armen machen, um eine solche gerechte Sozialpolitik einzufordern.

Weltweiter Hunger ist nur dadurch zu beseitigen, daß mittelfristig die Agrarproduktion in den Entwicklungsländern nachhaltig gesteigert wird. Das gelingt aber nur, wenn die kleinen Landwirte befähigt werden, mehr Nahrungsmittel zu erzeugen. Dazu ist erforderlich, daß Agrarreformen durchgeführt werden und andere institutionelle Voraussetzungen bei Vermarktung und Agrarkrediten geschaffen werden, um die ausbeuterischen Verhältnisse in der historisch überkommenen Agrarverfassung zu beenden. Der Selbsthilfewillen der ländlichen Bevölkerung und ihr Selbstvertrauen müssen gestärkt werden. Aus diesen Gründen messen die Hilfswerke der Kirche den sogenannten integrierten ländlichen Entwicklungsprojekten einen so hohen Stellenwert bei und unterstützen diese Programme mit Vorliebe. Und der Erfolg – wie auch das Urteil der Fachwelt – geben ihnen darin recht.

Die Kirchen stellen bei ihrer Entwicklungsarbeit den Menschen in den Mittelpunkt und dabei vor allem den Menschen in den am wenigsten entwickelten Ländern, die Ärmsten der Armen. Es hat sich ja längst gezeigt, daß Entwicklung zu mehr Leben nicht schon darin besteht, daß die Produktion gesteigert wird, es kommt auf eine gerechte Verteilung der Produktion an. Die Steigerung der Lebensmittelproduktion in Indien führte dazu, daß Indien Reis und Mais exportieren kann. Aber der Hunger der Ärmsten ist nicht gestillt worden. Der Erlös der gesteigerten Produktion kommt den schon Satten zugute, die ihren Reichtum vermehren. Das ist eine Entwicklung, die man rund um die Welt beobachten kann. Daher bedeutet Hilfe zur Selbsthilfe für die Ärmsten der Armen, daß man ihnen durch eine gerechte Sozialpolitik Chancengleichheit gibt, statt sie in noch größere Verelendung abzudrängen.

Eine solche international gerechte Sozialpolitik muß vor allem die bestehenden Handelsbedingungen hinterfragen. Wie können die Entwicklungsländer mit mehr Startgerechtigkeit durch höhere Beteiligung am Welthandel in die Lage versetzt werden, die Umstrukturierung ihrer Wirtschaft zu beschleunigen? Das geht nur, wenn die Wirtschaft in den Industrieländern, Landwirtschaft und Industrie, neuen Anpassungsproblemen sich unterwirft, die für uns alle, die wir in den reichen Ländern wohnen, weitere Einschränkungen und weitere Arbeitsplatzprobleme mit sich bringen. Sind wir dazu bereit? Sind wir bereit, den Armen in den Entwicklungsländern nicht nur ein Almosen, sondern Gerechtigkeit zu geben?

Erinnern wir uns an die Jahre nach dem Kriege hier bei uns. Eine nicht hoch genug zu bewertende Leistung unserer Gesellschaft war der Lastenausgleich, den wir damals durchgeführt haben. Nur durch diesen Lastenausgleich ist der Strom der Vertriebenen bei uns integriert worden, ohne daß es zu unerträglichen sozialen Spannungen gekommen ist. Sind wir bereit, eine Art Lastenausgleich auf internationaler Ebene zu leisten, damit Gerechtigkeit für die ohne ihre Schuld im Elend lebenden Menschen als eine Voraussetzung für Frieden in unserer Welt ermöglicht wird? Nur wenn eine große Bereitschaft dazu in unserer Bevölkerung vorhanden ist, können auch entsprechende

Gesetze durchgesetzt werden. Denn Politiker können nur das durchsetzen, was mehrheitsfähig ist.

Im Rahmen der entwicklungspolitischen Bildungsarbeit sollte Bewußtseins- und Willensbildung in dieser Hinsicht vorrangig betrieben werden. Dazu dienen u.a. auch die Materialien, die Misereor bei seinen Fastenaktionen erstellt. Dazu dient unser Dialogprogramm, unser Kontakt mit den Parteien, mit der Wirtschaft, mit anderen gesellschaftspolitisch relevanten Kräften und Gruppen in unserem Land. Dazu dient die Erstellung von Unterrichtsmaterialien für die Schulen.

Für einen maßvollen Optimismus

Ich will zusammenfassen: Obwohl anscheinend der Hunger in der Welt in den letzten 20 Jahren nicht abgenommen hat, obwohl es weltweit wachsendes Elend in den sich immer weiter ausdehnenden Slums der Großstädte und auch in weiten Bereichen ländlicher Gebiete gibt, bin ich im Hinblick auf die Effizienz der kirchlichen Entwicklungsarbeit nicht pessimistisch. Zweierlei führt mich zu einem maßvollen Optimismus. Das ist erstens das wachsende Bewußtsein bei der Jugend der Industrieländer über die Notwendigkeit einer international gerechten Sozialpolitik, und das ist zweitens die Beobachtung, daß in den Entwicklungsländern mehr und mehr Partner herangewachsen sind, die zur Planung und Durchführung von Entwicklungsprojekten immer besser in der Lage sind.

Lassen Sie mich dazu abschließend ein einziges Beispiel nennen: 1970 gründete die mexikanische Bischofskonferenz eine bischöfliche Kommission für Indianer-Fragen mit einem fähigen Sekretariat für die Planung und die Durchführung von Entwicklungsprojekten mit der indianischen Bevölkerung. Diesem Organ der Bischofskonferenz, genannt CENAMI, stellte Misereor (über die Katholische Zentralstelle für Entwicklungshilfe) im Jahre 1982 sechs Millionen DM zur Verfügung, aus denen CENAMI Einzelprojekte bis zu 30.000,– DM aus folgenden Bereichen finanzieren kann: Infrastrukturelle Maßnahmen wie z.B. Wegebau, Trinkwasserversorgung, Abwässerbeseitigung, Bau von Gemeindezentren, Bewässerungsanlagen, Verbesserung der landwirtschaftlichen Produktion und ihrer Vermarktung, Förderung des Kunsthandwerks im Hinblick auf Produktion und Vermarktung, Projekte im Bereich der Präventiv- und Curativ-Medizin wie z.B. Maßnahmen zur

Hygiene, Ernährung, Ersten Hilfe, Bau von Gesundheitsposten und Dispensarien und deren medizinische Ausstattung. Im Bereich der Bildung und Erziehung Projekte der Alphabetisierung und der Ausbildung von Promotoren; Seminare, Workshops und ähnliches zur Erstellung von Arbeitsplänen und Entwicklungsmaßnahmen; kurzfristige Einsätze von technischen Beratern und Projektbegleitern. Die Projekte wurden von den etwa 8.000 Pfarreien bzw. den Diözesen in den Indianergebieten oder von Selbsthilfegruppen der Indianer geplant und durchgeführt. CENAMI hilft, falls nötig, bei der Erarbeitung der Planungen. Durch den intensiven Kontakt und Erfahrungsaustausch zwischen den Trägern der einzelnen Maßnahmen und CENAMI ensteht eine Gesamtplanung, in der Prioritäten und Schwerpunkte gesetzt und effiziente Formen der Zusammenarbeit und Projektdurchführung entwickelt werden.

Das ist ein Beispiel für viele, bei denen durch eine zentrale Programmfinanzierung eine flächendeckende Entwicklung in die Wege geleitet wird. Hier werden die Erfahrungen aus kleinen Projekten wie des eingangs geschilderten Badjao-Projektes multipliziert und zur Entwicklung einer ganzen Region, ja eines ganzen Landes nutzbar gemacht. Solche Programmfinanzierungen, die wir mit effizienten Partnern in den Entwicklungsländern durchführen, bringen in unsere kirchliche Entwicklungsarbeit ganz neue Aspekte und Dimensionen. Entwicklungsarbeit ist keineswegs am Ende!

6. Mut zur Entwicklungspolitik statt Jammern und Klagen (1995)

Bei dem folgenden Text handelt es sich um einen leicht bearbeiteten Auszug aus einem Referat, das Norbert Herkenrath unter dem Titel „Aufgaben der kirchlichen Entwicklungsarbeit" auf der Klausurtagung des Planungsausschusses der Konrad-Adenauer-Stiftung vom 25.-27. 8. 1995 in Cadenabbia gehalten hat.

Wenn es um Fragen der Entwicklungspolitik geht, herrscht in unserer Gesellschaft und besonders im Bereich der Politik eine skeptische Stimmung vor. Es gilt als eine Tatsache, daß das Interesse für die Dritte Welt nachlasse, da die Menschen zunehmend andere Sorgen hätten. Viele nehmen diese Einschätzung als einen Beleg für die Klage, daß die Solidarität in unserer Gesellschaft erodiere, daß der Gemeinsinn verfalle. Die Menschen würden egoistischer, und deshalb täten sie auch immer weniger zur Unterstützung der Dritten Welt. Politiker beteuern gerne ihren guten Willen, mehr für die Dritte Welt zu tun, aber das sei nicht durchsetzbar, weil in der Bevölkerung der Rückhalt für solche Maßnahmen fehle.

Entwicklungspessimismus als kollektives Vorurteil

Mir scheint hier eine falsche Einschätzung vorzuliegen. Wenn allerdings das Jammern und Klagen weiter anhält, könnte es letztendlich dazu beitragen, daß die Akzeptanz einer Entwicklungspolitik in unserer Bevölkerung schließlich doch abnimmt. Das ist wie bei der Börse. Die Kurse fallen nicht, wenn eine Krise kommt, sondern wenn die Aktienbesitzer glauben, daß eine Krise kommt. Man kann sich auch Krisen einreden. Diese Macht der gesellschaftlichen Stimmung zeigt sich in positiver Weise bei einem Blick auf den ökonomischen Aufschwung in der Reagan-Ära in den USA: Bei gleichbleibender materieller Situation begannen die Menschen zu glauben, daß es ihnen besser gehe, daß das Land sich in einem Aufschwung befinde. Entsprechend dieser Einschätzung wurde wieder mehr investiert, mehr konsumiert – und es entwickelte sich ein tatsächlicher wirtschaftlicher

Aufschwung durch ein Handeln, das sich selbst als Reaktion auf diesen Aufschwung verstanden hatte.

Könnte es nicht also auch so sein, daß die verbreitete Auffassung über ein Nachlassen des Interesses für die Dritte Welt ebenfalls gar nicht die wirkliche Auffassung der Menschen wiedergibt? Ein Blick in empirische Erhebungen zur Einstellung der Bevölkerung zur Entwicklungspolitik legt diese Frage jedenfalls sehr nahe.

Empirische Daten

So zeigen die für das Bundesministerium für wirtschaftliche Zusammenarbeit und Entwicklung von Infratest-München durchgeführten Repräsentativerhebungen zum Thema „Bürger und Entwicklungspolitik" eine über die Jahre immer positiver gewordene Einstellung der Menschen zur Entwicklungspolitik. Sprachen sich 1977 62 % der Bevölkerung „eher dafür" aus, waren es 1993 75 %! Eher gegen Entwicklungshilfe waren 1977 23 %, 1993 dagegen nur noch 11 %. Auch das Statement „Ich bin für Entwicklungshilfe, auch wenn sich daraus für eine gewisse Zeit wirtschaftliche Nachteile für uns ergeben" findet immer mehr Zustimmung: 1977 45 %, 1993 66 %! Im Kommentar dazu heißt es: „Zum Befragungszeitpunkt im September 1993 war in der Bundesrepublik tatsächlich eine wirtschaftlich schwierige Situation gegeben. Wenn in dieser Situation mit 66 % mehr Bürger als in allen Befragungen zuvor Entwicklungshilfe unabhängig von kurzfristigen 'wirtschaftlichen Nachteilen für uns' befürworten, dann ist die Unterstützungsbereitschaft für die Entwicklungsländer offenbar nicht nur an 'Schönwetterzeiten' gebunden." Die gerade abgeschlossene Misereor-Grundlagenstudie, die ebenfalls von Infratest durchgeführt wurde, bestätigt diese Ergebnisse in vollem Umfang, kommt z.T. sogar zu noch positiveren Einschätzungen. Die Grundlagenstudie über das Spenderverhalten bei Misereor weist einen breiten Konsens unter den deutschen Katholiken darüber aus, daß Hilfe für die Dritte Welt wichtig ist. 38 % bezeichnen diese Hilfe als sehr wichtig, 54 % als wichtig. Nur 5 % sagen, sie sei weniger wichtig und 1 %, sie sei unwichtig. Bei den regelmäßigen Kirchgängern sind es sogar 44 %, die Hilfe für die Dritte Welt als sehr wichtig bezeichnen. Interessant ist, daß auch die Formulierung: „Kirchliche Entwicklungsarbeit muß im eigenen Land einsetzen. Sie muß hier bei uns Menschen weiterbilden und aufklären" bei 65 % der deutschen Katholiken volle Zustimmung findet, nur 7 % können dieser Auffassung gar nicht zustimmen. Während 1980 die Zahl der Katholiken, die meinten, die Kirche tue genug für die Dritte Welt, etwa gleich war mit denen, die meinten, die Kirche sollte noch mehr tun, sagen 1995 nur 30 % der Katholiken, die Kirche tue genug. 53 % meinen, sie müsse noch mehr tun.

Ich möchte nichts schönreden. Zweifellos gibt es viele Dinge, die den Menschen mehr auf den Nägeln brennen als die Not in der Dritten Welt. Aber dennoch meine ich, verantwortet behaupten zu können: Die Menschen in unserer Gesellschaft würden auch ein erheblich stärkeres Engagement zugunsten der Dritten Welt mittragen – vorausgesetzt es erscheint ihnen glaubwürdig, daß damit den Armen geholfen wird. Auf diese Bereitschaft kann die Politik aufbauen.

Auch von Erfolgen sprechen

Hier wird es in Zukunft für uns wichtig sein, mehr noch als bisher die positiven Wirkungen von Entwicklungsmaßnahmen darzustellen. Es ist relativ leicht, auch unter Hinweis auf das Spendensiegel des Deutschen Zentralinstituts für soziale Fragen, nachzuweisen, daß die der kirchlichen Entwicklungsarbeit anvertrauten Gelder wirklich für die vorgesehenen Zwecke und Maßnahmen eingesetzt werden. Aber es ist schwieriger nachzuweisen, daß sie wirklich armutsmindernd gewirkt und den Ausgegrenzten, im Elend lebenden Menschen mehr Lebensqualität gebracht haben. Ich denke, es wird notwendig sein, in Zukunft stärker auch in der Darstellung der Entwicklungspolitik die Erfolge aufzuweisen. Und diese sind durchaus vorhanden. Der UNDP-"Bericht zur menschlichen Entwicklung" von 1993 hat eine Reihe von Fortschritten in der Bekämpfung der Armut zusammengestellt:

– Die Lebenserwartung ist in den Ländern der Dritten Welt im Laufe der letzten drei Jahrzehnte um ein Drittel gestiegen;
– Im Zeitraum zwischen 1965 und 1990 ist die Zahl der Dritte-Welt-Länder, die den täglichen Kalorienbedarf ihrer Bevölkerung befriedigen können, von 25 aus 50 gestiegen;
– Die Einschulungsrate in allen Dritte-Welt-Ländern ist in den letzten beiden Jahrzehnten von unter 70 % auf über 80 % gestiegen;
– Die Einschulungsrate für weiterführende Schulen ist im gleichen Zeitraum von unter 25 % auf über 40 % gestiegen;

- Die Säuglingssterblichkeit (gerechnet bis zum 5. Lebensjahr der Kinder) ist in den letzten 30 Jahren halbiert worden;
- Der Anteil ländlicher Familien mit Zugang zu sauberem Trinkwasser ist in den letzten 20 Jahren von weniger als 10 % auf fast 60 % gestiegen.

All diesen positiven Zahlen korrespondieren immer auch erschreckende Zahlen über Ausmaße und Höhe der Armut. Es ist aber wichtig, den Blick nicht allein auf die weiterbestehenden und zum Teil größer werdenden Probleme zu richten, sondern auch Erreichtes ins Licht zu stellen. Denn diese Erfolge zeigen den Menschen, die sich für die Armen der Dritten Welt engagiert haben, daß ihr Engagement nicht sinnlos gewesen ist.

Mit Moral kann Politik gemacht werden

Fragt man nach den Motiven der Menschen für die Unterstützung der Dritten Welt, dann zeigt sich, daß ethische Einstellungen wie Gerechtigkeitsempfinden, Mitleid, Solidarität usw. eine entscheidende Rolle spielen. Diese Einstellungen dürfen nicht unterschätzt werden, denn sie bestimmen das reale Handeln der Menschen, sie besitzen „materielle" Realisierungsformen. Der Rekurs auf diese Einstellungen darf nicht mit „Moralisieren" verwechselt werden. Der Moralisierer verzichtet darauf, seine Anforderungen an menschliches Verhalten argumentativ zu rechtfertigen. Statt die erforderliche Maßnahme zu begründen, appelliert er einfach an den unstrittigen ethischen Wert, dem diese Maßnahme dienen soll. Dies ist unfair und wird von den Menschen auch so empfunden. So sehr also einerseits es vom Entwicklungspolitiker gefordert ist, den Sinn und die Wirksamkeit der vorgesehenen Maßnahmen zu begründen, so sehr ist andererseits feststellbar, daß die Menschen in unserem Lande ihre Unterstützung für die Dritte Welt auch ethisch begründen. Sie selbst suchen nach solchen Begründungen und sind bereit, danach zu handeln. Pierre Sané, der Generalsekretär von amnesty international, beschreibt die hier zur Debatte stehende ethische Grundhaltung als das anspruchsvolle Bemühen, „sich die Gabe des Mitgefühls für jedes einzelne Menschenleben zu bewahren" (Die Zeit, 18.6.93). Die moralische Substanz dieser Haltung kann man als ein „universelles Verantwortlichkeitsempfinden" bezeichnen. Dieses zu rechtfertigen und zu fördern, ist eine zentrale Aufgabe der kirchlichen Entwicklungsarbeit – gerade in der heutigen Zeit. Und es ist m.E. an der Zeit, daß die Politik mehr als bisher auf dieses Potential zurückgreift und Entwicklungspolitik offensiv vertritt. Denn diese ethische Motivation ist tragfähiger als mancher abgebrühte Interessenpolitiker zu denken pflegt.

7. Wohin soll Misereor gehen? (1989)

Der folgende Text stellt eine Standortbestimmung der kirchlichen Entwicklungsarbeit dar, die zuerst am Afro-Asiatischen Institut in Graz beim Symposium „Stand und Perspektiven der Entwicklungsarbeit" (16.-19.11.1989) gehalten wurde. Veröffentlicht wurde der Text in der Zeitschrift Orientierung 54, 6-11 (Nr. 1, 15.1.1990). Die hier abgedruckte, geringfügig bearbeitete Fassung erlaubt einen Blick auf eine Phase des Umbruchs und der Neuorientierung, in der wesentliche Schwerpunkte der aktuellen Arbeit bereits in den Blick genommen wurden.

Über die Frage der zukünftigen Strategien und Prioritäten der Entwicklungsarbeit bzw. -politik wird gegenwärtig sehr viel nachgedacht und publiziert. Man ist allseits bemüht, die Erfahrungen der bisherigen drei Entwicklungsdekaden kritisch auszuwerten, um es in der kommenden 4. Dekade besser zu machen. Bei einer solch globalen Fragestellung besteht natürlich die Gefahr, viel zu allgemein zu sprechen, große Ziele und Programmatiken zu entwickeln, ohne allzu viel von den dornigen Wegen zu diesen Zielen zu sprechen. So benennt beispielsweise das „Komitee für Entwicklungsplanung der Vereinten Nationen" in seinem Bericht für die Internationale Entwicklungsstrategie für die 4. Dekade die folgenden vier zukünftig prioritär zu verfolgenden Ziele: „Steigerung des wirtschaftlichen Wachstums; Entwicklung der menschlichen Ressourcen; Abbau der absoluten Armut; Beendigung der Umweltzerstörung".[1]

Ich möchte mich im folgenden auf die kirchliche Entwicklungsarbeit konzentrieren und versuchen, einen etwas konkreteren Zugang zu den künftigen Schwerpunkten dieser Arbeit zu suchen. Ich teile meine Überlegungen dabei gemäß der beiden großen Bereiche ein, mit denen die kirchliche Entwicklungsarbeit es zu tun hat: Sie ist einerseits eine Tätigkeit der Kirche und besitzt daher eine spezifisch theologischkirchliche Identität, und sie ist Entwicklungsarbeit im Kontext von

---

(1) Vgl. die Zusammenfassung des Berichts in:
„Entwicklung und Zusammenarbeit", 10/1989, S. 8 - 10, hier: S. 9.

Entwicklungspolitik, von Fragen sozio-ökonomischer Entwicklung überhaupt.

I. Theologische Orientierungen

Misereor wurde 1958 gegründet und erhielt seine erste grundlegende Programmatik durch die aus diesem Anlaß gehaltene Rede von Kardinal Frings. Wesentliche inhaltliche Impulse dieser Rede finden sich auch im „Statut des Werkes Misereor".

Für die Armen

Ein erster durchgängiger Grundsatz für die Praxis des Werkes liegt in der Aufforderung, daß seine auf „eine *dauerhafte* Verbesserung der Lebensverhältnisse" zielende Unterstützung „allen Menschen zugute kommen (soll), die Not leiden und die das Werk erreichen kann, ungeachtet von Rasse, Geschlecht, *Religion* und Nation" (Statut Art. 1 (1)). Damit ist deutlich gesagt, daß die Kirche dieses Werk nicht für sich selbst geschaffen hat, sondern für den Dienst an *allen* Menschen, die in Not sind. Dies ist sehr wichtig, denn dadurch ist festgelegt, daß gewissermaßen der erste Ansprechpartner Misereors die Armen sind d.h. die Selbsthilfeorganisationen der Armen bzw. solche Gruppierungen und Organisationen, die sich der Förderung der Armen verpflichtet wissen.

In der innerkirchlichen Einschätzung solcher Solidaritätspraxis mit den Armen ist gelegentlich der Fehlschluß anzutreffen, diese Arbeit sei nicht so essentiell für die Kirche, weil sie ja auch von anderen getan werden könne und solle, während im Zentrum der Aufmerksamkeit der Kirche das stehen müsse, was *nur sie* tun könne. Darin kommt aber eine krasse Fehleinschätzung des Sendungsauftrags der Kirche in der Welt zum Ausdruck. Denn die Kirche ist – nach einem Wort Bonhoeffers – nicht primär für sich selbst, sondern für andere da (2) Es geht in der Kirche nicht primär um ihre Selbsterhaltung, sondern um eine Praxis, die die Treue zu ihrem Herrn hält. Die deutsche Kirche hat das in ihrem Synodendokument „Unsere Hoffnung" so formuliert: „Das Bekenntnis zu Jesus Christus weist uns in seine Nachfolge ... Unsere Identität als Christen *und Kirche* finden wir nicht in fremden

Programmen und Ideologien. *Nachfolge genügt"* (Teil 3, Vorrede). Wenn man die Bedeutung der Solidaritätspraxis mit den Armen für die Identität der Kirche ermessen will, muß man also fragen, welche Bedeutung diese Solidarität für die heute geforderte Praxis der Nachfolge hat.

Zur Beantwortung dieser Frage werden nun Entwicklungen in den Kirchen der Dritten Welt, insbesondere in Lateinamerika, höchst bedeutungsvoll, da hier die Armen ins Zentrum der Aufmerksamkeit gerückt sind, mehr noch: weil hier die Kirchen vielfach versuchen, ihre Sendung von den Armen her zu verstehen. Dieser Prozeß wurde wesentlich angestoßen durch das II. Vatikanische Konzil. Denn während in Europa die programmatische „Öffnung zur Welt" die schwierige und noch immer ungelöste Auseinandersetzung der Kirche mit der europäischen Moderne brachte, bedeutete sie vor allem in Lateinamerika die Hinwendung zur Realität der Armut. Mit der Hinwendung zu dieser „Welt der Armen" fand die Kirche ihren spezifischen „Ort", fand sie zu einem erneuerten Verständnis ihrer Sendung. Der salvadorianische Märtyrerbischof O.A. Romero hat diese fundamentale Bedeutung der Armen für Glauben und Kirche in einer berühmt gewordenen Rede einmal prägnant umschrieben: „Die Welt, der die Kirche dienen soll, ist für uns die Welt der Armen ... und von dieser Welt sagen wir, daß sie der Schlüssel (!) ist zum Verständnis des christlichen Glaubens, des Handelns der Kirche, der Schlüssel zum Verständnis der politischen Dimension dieses Glaubens und dieses kirchlichen Handelns. Es sind die Armen, die uns sagen, was Welt und was kirchlicher Dienst an der Welt ist".[2]

Deutlicher kann die unverzichtbare Bedeutung der Armen für die Identität der Kirche kaum mehr ausgesagt werden. Diese Erfahrung aus der Arbeit mit den Armen wird denn auch auf der theologischen Ebene vielfach aufgenommen. So wird über die besondere Rolle der Armen in der Heilsgeschichte nachgedacht, über die geschichtliche

---

(2) O.A. Romero, Die politische Dimension des Glaubens,
 in: A. Reiser/P.G. Schoenborn (Hg), Basisgemeinden mit Befreiung, Wuppertal 1981, 154 - 164, hier: 155.

Präsenz Christi in den Armen (im Anschluß an Mt. 25), über den „Bund Gottes mit den Armen" usw.⁽³⁾

Aus all dem wird deutlich, daß die Solidaritätspraxis mit den Armen nicht allein eine Unterstützung auf der sozio-ökonomischen Ebene darstellt, sondern ebenso eine spirituelle Erfahrung, eine kirchliche Identitätsfindung und eine theologische Herausforderung enthält. Sie ist in diesem Sinne eine umfassende kirchliche Praxis, die die Chance zu einer Erneuerung und Stärkung der gesamten Kirche enthält. Und genau hieraus ergibt sich ein erster Schwerpunkt der kirchlichen Entwicklungsarbeit für die Zukunft:

Innerhalb der Kirche gilt es zu zeigen und sich dafür einzusetzen, daß die Solidaritätspraxis mit den Armen nicht ein peripheres, sondern zentrales Moment der Nachfolge darstellt und als Kennzeichen für die Sendung der Kirche verstanden werden kann.

Mut zum Konflikt

Dies führt zu dem zweiten zentralen Auftrag des Werkes, der sogenannten „Inlandsarbeit". Diese ist weder beschränkt auf die Spendenwerbung (so wichtig sie ist), noch ist sie aus der Projektarbeit abgeleitet oder dieser nachgeordnet. Sie ist vielmehr gekennzeichnet durch einen eigenen Auftrag, der im Statut so beschrieben wird: „Durch das Werk will die Kirche in der Bundesrepublik Deutschland ... vom Evangelium her der gesamten Gesellschaft und den Verantwortlichen das Unrecht vor Augen stellen, daß die Güter dieser Welt so ungleichmäßig verteilt sind" (Präambel).

Ausdrücklich wird hier vom *Unrecht* der ungleichmäßigen Verteilung der Güter gesprochen, d.h. es wird von Verantwortung und damit auch von Schuldzusammenhängen gesprochen. Sehr deutlich

---

(3) Vgl. beispielsweise G. Gutierrez, Theorie und Erfahrung im Konzept der Theologie der Befreiung, in: J.B. Metz/P. Rottländer (Hg), Lateinamerika und Europa. Dialog der Theologen, München/Mainz 1988, 46 - 60; J. Sobrino, Die 'Lehrautorität' des Volkes Gottes in Lateinamerika, in: Concilium 21 (1985), 269 - 274; F. Castillo, Das Evangelium gestattet keine Resignation, Freiburg (Schweiz) 1988; A. Pieris, Theologie der Befreiung in Asien, Freiburg 1986; eine Zusammenstellung der die theologische Begründung der „Option für die Armen" betreffenden Aussagen dieser Autoren findet sich bei P. Rottländer, Option für die Armen, in: E. Schillebeeckx (Hg), Mystik und Politik. Theologie im Ringen um Geschichte und Gesellschaft, Mainz 1988, 72 - 88.

formuliert ist dieser Zusammenhang schon in der „Misereor-Gründungsrede" von Kardinal Frings: „Es soll darüber hinaus der gesamten Öffentlichkeit, nicht nur der katholischen und nicht nur der deutschen, das objektive Unrecht vor Augen gestellt werden, das, wenn es nicht schon darin liegt, daß die Güter dieser Welt so ungleichmäßig verteilt sind, auf alle Fälle darin liegen würde, wenn es bei dieser ungleichmäßigen Verteilung bliebe". Der Kardinal sagte dies 1958; inzwischen sind über 30 Jahre vergangen und die Ungleichverteilung der Güter hat nicht ab-, sondern zugenommen. Also haben wir es inzwischen auf jeden Fall mit einem objektiven Unrecht zu tun, das uns in die Verantwortung nimmt. Die Thematisierung unserer *Verantwortung* für die Not in der Dritten Welt ist oftmals nicht ganz einfach. G. Gutierrez berichtet einmal von einer Begebenheit auf dem Internationalen Eucharistischen Weltkongreß Mitte der 70er Jahre in Philadelphia. Eine Sprecherin aus der Dritten Welt sagte knapp zusammengefaßt etwa folgendes: „Ich komme aus einem sehr armen Land; Sie sind reich, helfen Sie uns!" Die Zuhörer waren sehr angetan von der Rede und applaudierten minutenlang. Dann sprach Bischof Helder Camara: „Ich komme aus Lateinamerika; Lateinamerika ist ein abhängiger Kontinent; Sie sind Amerikaner, und multinationale Unternehmen werden von Ihnen unterstützt; helfen Sie uns!" Es gab wenig Applaus, mehr aus Höflichkeit. Und G. Gutierrez kommentiert: „Wenn man sagt: Es gibt Armut in der Welt, ihr reichen Völker helft uns – dann erhält man Zustimmung. Aber wenn man sagt: Ihr habt die Verantwortung! – dann ist man sofort ein Kommunist."[4]

In diesem Sinne enthält der Inlandsauftrag Misereors ein gewisses Maß an unvermeidlicher Konfliktivität. Wir müssen uns daran gewöhnen, solche Konfliktivität als etwas „Normales" zu betrachten, denn sie entsteht ganz selbstverständlich aus den Solidaritätsanforderungen bzw. -zumutungen der Armen. Das ist in den betreffenden Ländern der Dritten Welt selbst ebenso der Fall. So findet sich in einer jüngeren wissenschaftlichen Studie zu „Armutsorientierter kirchlicher Entwicklungspolitik" der zusammenfassende prägnante Satz: „Selbsthilfe marginaler Gruppen bedeutet ... ex definitione immer einen Konflikt mit dem dominierenden System".[5] Im Zusammenhang der besonders

---

(4) Übersetzt von der Tonbandaufzeichnung eines in Englisch geführten Gespräches zwischen G. Gutiérrez und Studenten in Münster am 29.10.87.
(5) H.R. Hemmer/H- Kötter, Armutsorientierte kirchliche Entwicklungsarbeit, Aachen (Misereor), 1990.

heftigen Landkonflikte in Lateinamerika ist der Begriff einer „Spiritualität des Konflikts" entstanden, die sich aus dessen Wahrnehmung, Anerkennung und (produktiven) Verarbeitung im Glauben" bildet.[6] Hier liegen große Herausforderungen auch für die Kirchen in Mitteleuropa. ·Es ist zum Teil sehr schmerzhaft, den gegenwärtigen Prozeß einer zunehmenden innerkirchlichen Polarisierung miterleben zu müssen. Soll dieser Prozeß nicht in faktischen Spaltungen bzw. der Verbreitung einer Sektenmentalität in einer kleiner gewordenen Kirche enden, dann müssen wir eine Kultur der Konfliktaustragung innerhalb der Kirche entwickeln, in der alle zu Wort kommen können und in der gemeinsame Wege gefunden werden, die Produkt eines echten Dialogs sind, d.h. wo alle Beteiligten bereit sind, die eigene Position in Frage zu stellen und gegebenenfalls von ihr abzurücken. Genau das entspräche einer anspruchsvollen Auffassung von Katholizität, dem Bemühen, die Dinge umfassend und umsichtig zusammenzuführen.

Die kirchliche Entwicklungsarbeit ist von dieser Problematik besonders betroffen, da sie nicht nur die nationalen innerkirchlichen Konflikte mitlebt, sondern die noch weiterreichenden auf der internationalen Ebene, und weil sie mit ihrer Aufgabe, die Erwartungen der Armen an Gesellschaft und Kirche bei uns zu vertreten, auf einen produktiven Umgang mit Konfliktpotentialen angewiesen ist. In diesem Sinne kann als zweiter Schwerpunkt für die Zukunft formuliert werden:

Die kirchliche Entwicklungsarbeit braucht dringend und will sich beteiligen an der Entfaltung neuer partizipativer, dialogischer und partnerschaftlicher Formen der Konfliktbearbeitung und des Austauschs in der Kirche.

Misereor, das die Herausforderung zu einer prophetisch-provozierenden Praxis zugunsten der Armen in die bundesdeutsche Kirche vermitteln möchte und dem es zugleich um die Verbundenheit mit den Gläubigen in der Bundesrepublik geht, könnte in diesem Zusammenhang eine spezifische Aufgabe übernehmen, nämlich die Vermittlung zwischen den vorantreibenden Aktionsgruppen und den Ortsgemeinden. Als Generalsekretär des gemeinsamen Komitees des Heiligen Stuhls und des Weltrats der Kirchen für Gesellschaft, Entwicklung und Frieden (SODEPAX) hat J. Lucal 1980 einige Überlegungen zu dieser

---

(6) A. Moreira, „... Doch die Armen werden das Land besitzen" (Ps. 37,11). Eine theologische Lektüre der Landkonflikte in Brasilien, Mettingen 1990, 307f.

Aufgabe vorgelegt: „Es ist deutlich, daß die kirchennahen Organisationen der Entwicklungshilfe ihr eigenes Ziel verfehlten, wenn sie sich von den Gläubigen im eigenen Land entfremden würden. Denn sie wollen doch gerade bei diesen Gläubigen das Bewußtsein für die Probleme und Nöte der Menschen in den Entwicklungsländern wecken und die Unterstützung, die sie von diesen Gläubigen zur Behebung der Unterentwicklung, der Armut und des Elend bekommen, weiterleiten. Daher müssen sie in ihrem Denken weiter sein als die Gläubigen, damit sie diesen Orientierung geben können. Wenn sie aber zu weit und zu radikal weiter denken, gelingt es ihnen nicht mehr, die Gläubigen zu beeinflussen, sie von dem Sinn der Spenden zu überzeugen und dieses Geld gezielt einzusetzen. Sie haben daher nicht die Freiheit, die diejenigen sich nehmen können und müssen, die das prophetische Element in der Kirche sind."[7]

Spirituelle Erneuerung

Ein drittes Moment des Misereor-Auftrags zielt auf die religiös-spirituelle Dimension der Solidaritätspraxis mit den Armen. In der Rede von Kardinal Frings aus dem Jahre 1958 heißt es: „Das Werk, recht verstanden und ausgeübt, kann für die Spender eine religiöse Bewegung werden" (Frings 1976, 21). Und im neuen Statut heißt es: „Misereor ist von seiner Zielsetzung her ... eine zutiefst religiöse Bewegung" (Präambel). Gedacht ist dabei zunächst an Misereor als *Fasten*aktion und damit an die Fastenzeit als Erneuerungs- und Bußzeit in der Kirche. Aber in der Rede von Misereor als einer religiösen Bewegung steckt noch mehr. Ich habe eben bereits angesprochen, daß die Solidaritätsarbeit mit den Armen eine eigene religiöse Erfahrung enthält, daß sie zu einer Form der Christusbegegnung werden kann. Diese Erfahrung ist ein wesentliches Moment der Energie und Tatkraft in vielen Kirchen der Dritten Welt. Wenn es Misereor gelänge, diese Erfahrung in die deutsche Kirche zu vermitteln, könnte dies zu einer Erneuerung unserer Gemeinden wesentlich beitragen und neue Perspektiven für die oftmals etwas orientierungslos-unsicher gewordenen Christen bei uns bieten. Damit

---

(7) J. Lucal, Kirchennahe Organisationen der Entwicklungshilfe und ihr Pragmatismus, Concilium 16 (12/1980), 725 - 733, hier: 731.

könnte dem gegenwärtigen Trend einer Trennung von Religiosität und solidarischer Praxis, der zu Lasten ebendieser Praxis geht, gegengesteuert werden. In diesem Sinne kann als ein weiterer Schwerpunkt für die Zukunft formuliert werden:
Die kirchliche Entwicklungsarbeit beteiligt sich an einer religiösen Erneuerung unserer mitteleuropäischen Kirche durch das akzentuierte Einbringen der Einheit von Spiritualität und Solidaritätspraxis, durch die Betonung jener „Mystik", die im Dienst an den Armen immer schon enthalten ist (vgl. Mt. 25).

II. Politische Orientierungen

Bisher habe ich die Bedeutung unserer Grundoption einer Solidarität mit den Armen vornehmlich im Blick auf den Bereich der Kirche entfaltet. Diese Option führt uns aber selbstverständlich auch mitten hinein in die politischen Diskussionen und Auseinandersetzungen, besonders in den Bereich der Entwicklungspolitik, aber auch darüber hinaus in allgemeinpolitische Zusammenhänge. Misereor ist zu dieser Arbeit nicht allein durch seine Option für die Armen beauftragt, sondern auch durch seine Aufgabe, „Fachstelle für kirchliche Entwicklungszusammenarbeit" zu sein, wie es das Statut formuliert (Art. 2 (1); Art. 7 (1)). Das Werk soll – so heißt es weiter – seine Erfahrungen „in die Diskussion über die Entwicklungspolitik und -hilfe unseres Staates *und unserer Gesellschaft* einbringen" (Art. 2(3)).

Misereor führt nicht selbst von eigenen Mitarbeitern erkundete Projekte *für* die Menschen in den Ländern der Dritten Welt durch, sondern unterstützt Initiativen von Partnern in den betreffenden Ländern. Dies bedeutet, daß die unmittelbaren Partner Misereors weder irgendwelche staatlichen oder parastaatlichen Institutionen noch übergeordnete internationale Entwicklungsplanungskommissionen und dergleichen sind, sondern die Selbsthilfeorganisationen der Armen selbst oder – zumeist – Selbsthilfeförderorganisationen wie etwa Sozialkommissionen der jeweiligen Bischofskonferenzen, Kommissionen für ländliche Entwicklung, für Indianerschutz usw. Diese Partner – in der entwicklungspolitischen Diskussion als Nicht-Regierungsorganisationen (NRO) bezeichnet – erleben und kennen die Vorgänge in den betreffenden Ländern in der Regel „von unten", aus der Perspektive derer, die unter den Verarmungsprozessen leiden. Durch Kontakt, Partnerschaft und Solidarität mit diesen Organisationen kann Misereor ihre „Perspektive der Opfer" in die Diskussionen in unserer Gesellschaft einbringen.

Ziele und Inhalte von Entwicklung

Die aktuelle Perspektive für die Armen ist trostlos: Entweder stagniert die „Entwicklung" des Landes (bzw. sie fällt zurück), dann drohen Arbeitslosigkeit, Hyperinflation und eine ungesicherte Existenz im „informellen Sektor" (bzw. überhaupt die alternativlose Perspektive, das Überleben mit illegalen Praktiken zu versuchen), oder das Land befindet sich in einem „hoffnungsvollen Entwicklungsprozeß" (etwa gelingender und durchschlagender Strukturanpassungsmaßnahmen), dann erwarten die Armen bestenfalls unmenschliche Arbeitsbedingungen und -zeiten, ein Verheiztwerden in der „großen nationalen Anstrengung" der Weltmarktanpassung.

Von einer solchen „Perspektive der Opfer" her wird daher das, was unter „Entwicklung" verstanden werden soll, neu zur Disposition gestellt. Denn einerseits ist Entwicklung im Sinne von Modernisierung nach westlichem Muster inzwischen zwar global fast alternativlos geworden (vgl. die Entwicklungen im Ostblock und den sozialistischen Dritte-Welt-Ländern), aber andererseits werden die destruktiven und sogar aporetischen Momente dieses Modells immer deutlicher sichtbar.

Widerstand gegen Entwicklung als westliche Modernisierung kommt erstens von den bedrohten *nicht-westlichen Kulturen* her (Kultur hier verstanden im umfassenden Sinn einer bestimmten Weise der Weltwahrnehmung und -gestaltung). Die Erfahrungen der Zerstörung von Identitäten und der gesellschaftlichen Marginalisierung lassen erhebliche Zweifel daran aufkommen, daß diese Modernisierung überhaupt einen „Fortschritt" für die Menschen darstellen kann. Pragmatiker antworten darauf, daß Modernisierung unvermeidlich sei. Zentrale Aufgabe der Solidaritätsarbeit in einer solchen Situation ist es dann aber, die Menschen in den traditionellen Kulturen dahingehend zu unterstützen, daß sie gegenüber der westlichen Invasion Vertrauen in die eigene Kraft und die eigenen Werte entwickeln können, so daß sie den unvermeidlichen Prozeß so weit es geht von sich aus zu formen vermögen.

Ein zweiter gegenwärtig deutlich hörbarer Einspruch gegen die westlich inspirierten Modernisierungsprozesse kommt von *ökologischen Überlegungen* her. Denn eine globale Ausbreitung des Modells westlich industrialisierter Gesellschaften ist schon von den Kapazitätsgrenzen der natürlichen Ressourcen her völlig ausgeschlossen. Zudem scheint bereits der gegenwärtig gegebene globale Entwicklungsprozeß eine Überforderung der ökologischen Möglichkeiten darzustellen. Im Zusammenhang der Diskussion um die Ökologie geht es für Misereor nicht darum, dieses Thema in den hiesigen Diskussionen präsent zu machen – das ist es ja inzwischen aus vielen guten Gründen bereits –, sondern darauf zu achten, daß Lösungen des Problems nicht auf Kosten der Armen der Dritten Welt angestrebt werden (statt die notwendigen Revisionen bei uns selbst vorzunehmen). So könnte etwa der ökologische Umbau unserer Gesellschaft, beispielsweise in Form einer massiven Reduktion des Autoverkehrs, eine wichtige, korrektivische Rolle für viele Dritte-Welt-Länder und ihr Verständnis von Entwicklung spielen, weil deren Eliten sich immer noch recht deutlich an den Maßstäben der „ersten Welt" orientieren. Veränderungen des Verständnisses von Entwicklung bei uns – wie sie etwa von der Ökologiebewegung gefordert werden – könnten sich so sehr positiv auf die Entwicklungen in den Ländern der Dritten Welt auswirken.

In diesem Sinne kann formuliert werden:
Die kirchliche Entwicklungsarbeit wird in Zukunft verstärkt das gängige Verständnis von „Entwicklung" in Frage stellen und von den bedrohten Kulturen wie von ökologischen Überlegungen her auf Veränderungen unserer eigenen Wirtschafts- und Lebensweise drängen.

Die Macht der Zivilgesellschaft

Die „Perspektive der Opfer" von Modernisierungsprozessen, wie sie der kirchlichen Entwicklungsarbeit von ihren Partnern vermittelt wird, führt zu einer kritischen Auseinandersetzung mit der internationalen Politik des eigenen Landes und den Aktivitäten gesellschaftlicher Gruppen wie etwa der multinationalen Konzerne und der Banken in den Ländern der Dritten Welt. Es geht hier nicht um pauschale Anklagen – es ist ja ohnehin so, daß sich auch bei ausgesprochen kritischen Gruppen ein Differenzierungsprozeß bemerkbar macht, der von den pauschalen Schwarz-Weiß-Urteilen zu einer an konkreten Fakten orientierten politischen Praxis treibt –, sondern um die Bereitschaft, im konkreten Fall immer dann energisch zu protestieren und die heimische Öffentlichkeit zu mobilisieren, wenn unsere Banken, Firmen oder staatliche Politik zum Schaden der Armen in der Dritten Welt agieren.

Die Aufgabe, die Interessen und Anliegen der Armen der Dritten Welt in unserer Gesellschaft zur Geltung zu bringen, wird von der kirchlichen Entwicklungsarbeit schon lange als notwendig anerkannt, führt aber doch auch zu einigen neuen Herausforderungen. Die kirchliche Entwicklungsarbeit hat ihre Anliegen bisher stark über die Formen der Bildungsarbeit und des entwicklungspolitischen Dialogs mit Politikern und Unternehmensmanagern in unsere Gesellschaft eingebracht. „Bildung" und der mahnende Dialog mit den Mächtigen sind der Kirche durchaus vertraute Formen „politischen" Handelns. Die Entwicklung einer auf Demokratie setzenden Gesellschaft und ihre spezifischen Meinungsbildungsprozesse über „Öffentlichkeit" verlangen aber noch ein weiteres Moment der gesellschaftlichen Praxis, nämlich die Organisierung gesellschaftlichen Drucks, um bestimmte Anliegen durchzusetzen. Nehmen Sie etwa das Beispiel der Schuldenkrise. In vielen Dritte-Welt-Ländern verhindern die bis ins Unbezahlbare angewachsenen Schuldenberge jede Entwicklungsplanung, da die nationale Politik praktisch überhaupt keine monetären Handlungsspielräume mehr besitzt. Entsprechend sind die Rahmenbedingungen für viele Projektpartner Misereors derart schlecht, daß hier oftmals auch noch so hoffnungsvolle Entwicklungen zum Erliegen kommen. Misereor hat die Verschuldungsfrage als ein politisches Problem aufgenommen, sie ist in einer Fastenaktion schwerpunktmäßig behandelt worden und Gegenstand intensiver Gespräche mit Politikern und beispielsweise Vertretern von Banken. Um die Forderung nach radikalen Schuldenreduzierungen aber durchzusetzen, bedarf es zusätzlich einer öffentlichen Meinungsbildung in dieser Richtung, muß dafür gesorgt werden, daß das Thema von vielen Gruppen vor Ort immer wieder in die Diskussion gebracht wird, daß es in den Medien präsent ist und daß auf diese Weise mehr Menschen konkrete Taten von den Verantwortlichen erwarten. Die Problematik der Schuldenkrise muß zu einem „öffentlichen Problem" werden.

Es muß nicht immer ein so umfassendes Thema sein; oftmals erhalten wir von Partnern in der Dritten Welt die Bitte, in dieser oder jener Angelegenheit oder Thematik initiativ zu werden. Bislang hat sich Misereor dabei im Bereich der öffentlichen Kampagnen, der Mobilisierung der Öffentlichkeit eher etwas zurückgehalten. Das hängt damit zusammen, daß sich besonders die Kirche schwer tut, solche gesellschaftlichen Aktionen als eine normale Form zu begreifen, mit der in massenmedial geprägten Öffentlichkeiten Positionen zur Sprache gebracht und eventuell durchgesetzt werden können. Dies erscheint vielen als zu konfliktiv und zu polarisierend, als eine politisierende Aktivität im negativen Sinne, als etwas, das man auf jeden Fall so lange vermeiden sollte, wie noch andere Wege der Meinungsbildung offenstehen. Gleichwohl muß um der Effizienz der Arbeit willen gesagt werden:

Ein produktiver Umgang mit der Öffentlichkeit und ein offensives Einbringen unserer Anliegen in Form von Kampagnen, Aktionen, Mobilisierungen usw. ist eine unverzichtbare Schwerpunktsetzung der kirchlichen Entwicklungsarbeit für die Zukunft.

Entwicklungspolitik: Arbeitsteilung und Erweiterung des Spektrums der Akteure

Lassen Sie mich ausgehend von den Überlegungen zur politischen Praxis der kirchlichen Entwicklungsarbeit hierzulande noch einige Bemerkungen zur staatlichen Entwicklungszusammenarbeit und zu unseren Erwartungen an sie beschreiben. Es wird manchmal in einer zu undifferenzierten Weise von einer „Komplementarität" zwischen nicht-staatlicher und staatlicher Entwicklungszusammenarbeit gesprochen. Sicherlich gibt es eine prinzipiell sinnvolle Arbeitsteilung, wonach die Nicht-Regierungsorganisationen sich vornehmlich der Unterstützung der Selbsthilfeorganisationen der Armen in den betreffenden Ländern widmen und die staatliche Entwicklungszusammenarbeit auf der Ebene ihrer Regierungskontakte sich um eine Verbesserung der Rahmenbedingungen bemüht, damit die Selbsthilfeorganisationen überhaupt eine reale Chance haben. Nur wenn die staatliche Entwicklungszusammenarbeit in diesem Sinne selbst armenorientiert handelt, ist es sinnvoll, den Ausdruck der „Komplementarität" zu gebrauchen. Dabei ist es sehr wichtig, daß sich die staatliche Entwicklungszusammenarbeit auf ihren originären Bereich konzentriert: Die Zusammenarbeit mit den *Regierungen* der jeweiligen Länder mit dem Ziel, die Chancen der Armen in den betreffenden Ländern durch Verbesserungen der Rahmenbedingungen zu erhöhen. Eine direkte Finanzierung von Selbsthilfe- bzw. Nicht-Regierungsorganisationen in der Dritten Welt durch staatliche Stellen bei uns würde nicht nur ein Ausweichen unserer Politik vor ihren spezifischen Aufgaben bedeuten, sondern auch erhebliche strukturelle Probleme mit sich bringen, insofern sich die Dritte-Welt-Nicht-Regierungsorganisationen häufig in einem gespannten bis konfliktiven Verhältnis zu ihren Regierungen befinden. Zudem würde eine direkte Finanzierung durch eine ausländische Regierung leicht zu einer politischen Schwächung der betreffenden Nicht-Regierungsorganisation führen, insofern sie sich dem Vorwurf aussetzte, die Interessen einer ausländischen Macht zu vertreten, da sie eben von dort finanziert werde.[8]

Die Lösung der Krise der staatlichen Entwicklungszusammenarbeit sehen wir weniger durch ihr Engagement im Bereich der Nicht-Regierungsorganisationen in den Ländern der Dritten Welt, sondern vielmehr in der Konzentration auf die Vertretung ihrer Anliegen in den verschiedenen Politikbereichen des Inlands. Ebenso wichtig wie eine angemessene Arbeitsteilung ist eine deutliche Erweiterung des Spektrums der politischen Akteure, die Entwicklungspolitik als ihre Aufgabe betrachten.

Misereor drängt darauf, die Probleme der Entwicklungspolitik als Probleme der gesamten Politik in praktisch allen ihren Teilbereichen (Außen-, Innen-, Agrar-, Finanz-, Sozialpolitik usw.) zu verstehen und dort einzubringen. Entwicklungspolitik muß ihre Reduzierung auf einen beschränkten, eher marginalen Politikbereich aufbrechen und die in ihr enthaltenen Herausforderungen unserer gesamten Gesellschaft verdeutlichen. Sie wird so selbst primär eine Tätigkeit im Bereich nationaler und internationaler Politik und erst in zweiter Linie Entwicklungshilfe im traditionellen Sinne sein.

---

(8) Vgl. die „Stellungnahme der kirchlichen Zentralstellen für Entwicklungshilfe zur 'Direktfinanzierung' und 'Komplementarität'" vom 14.11.1988.

Zunehmende Bedeutung der Menschenrechte

Im politischen Handeln der Selbsthilfeorganisationen der Armen wie auch der hiesigen Solidaritätspraxis mit ihnen spielen die Menschenrechte eine wichtige Rolle. Sie haben den besonderen Vorteil, daß sie nicht nur partikular anerkannt sind – etwa nur unter Christen –, sondern daß sie den erklärten Konsens praktisch aller Staaten dieser Erde darstellen. Die Menschenrechte spielen zwar schon lange eine wichtige Rolle in der Solidaritätsarbeit, sie gehören aber gleichwohl in den Zusammenhang der Frage nach zukünftigen Schwerpunkten und Prioritäten, weil sie in den kommenden Jahren vermutlich viel klarer als bisher die Grundlage der Befreiungsbestrebungen der Armen sein werden.

Das gegenwärtig beobachtbare, zum Teil dramatisch schnell ablaufende Verschwinden des Ost-West-Gegensatzes führt neben vielen anderen Konsequenzen auch dazu, daß die Rolle der Menschenrechte in der politischen Diskussion sich stark verändert. Sie werden nun eindeutiger und evidenter als Schutzrechte der Armen erkennbar. Dabei ist schon jetzt eine interessante Erweiterung ihrer politischen Funktion zu beobachten. Menschenrechte waren anfangs vor allem im Blick auf den Schutz der Individuen vor staatlichen Ein- bzw. Übergriffen formuliert worden; und zweifelsohne haben sie hier nach wie vor eine eminent wichtige Bedeutung. Aber es ist noch etwas hinzu gekommen: Sie werden zu Ansprüchen an den Staat, an die Politik, die Armen gegen ungerechte Strukturen bzw. gegen Übergriffe von gesellschaftlich Mächtigeren zu schützen. Deutlich wird dies etwa an den Landkonflikten in Lateinamerika: Die vertriebenen und verfolgten Kleinbauern fordern vom Staat, endlich dafür zu sorgen, daß auch ihnen ihre elementaren Rechte zuerkannt werden, daß sie in Würde und auf ihrem eigenen Grund und Boden leben und arbeiten können.

Menschenrechtsarbeit wird in Zukunft einen immer größeren Raum in der kirchlichen Entwicklungsarbeit einnehmen; die Menschenrechte sind die Grundlage des politischen Aufbruchs der Armen.

Conclusio: Die Kirche ist politisch wegen der Armen

Ich hoffe, daß aus diesen wenigen Bemerkungen deutlich geworden ist, daß und inwiefern die Solidaritätspraxis mit den Armen eine politische Praxis ist. Da sie auch eine Praxis der Kirche ist, gilt es, deutlich zu machen, daß die Kirche sie nicht als Vehikel benutzen will, um selbst zu politischer Macht zu gelangen. In deutlichen, auch heute weiterhin gültigen Worten hat Bischof Romero dies in seiner bereits zitierten Rede klargestellt: „Es geht nicht darum, daß die Kirche sich als politische Institution versteht und in Konkurrenz zu anderen politischen Instanzen tritt, auch nicht darum, daß sie über eigene politische Mechanismen verfügt; es geht noch weniger darum, daß unsere Kirche eine politische Führungsrolle anstrebt. Es geht um etwas viel Wesentlicheres und Evangelischeres: Es geht um die Option der Kirche, für die Armen da zu sein, sich in ihre Welt hineinzubegeben, ihnen eine gute Botschaft zu bringen, ihnen eine Hoffnung zu geben, sie zur Befreiungspraxis zu ermutigen, ihr Recht zu verteidigen und an ihrem Schicksal teilzuhaben. Diese Option der Kirche für die Armen bedingt die politische Dimension des Glaubens. Weil sie sich für die wirklich Ausgebeuteten und Unterdrückten entschieden hat, lebt die Kirche im Bereich des Politischen, und sie verwirklicht sich als Kirche auch im Bereich des Politischen. Das kann nicht anders sein, wenn sie sich wie Jesus an die Armen wendet".[9]

---

(9) O.A. Romero, a.a.O., S. 159 f.

Sustainable Development

Spätestens mit der UN-Konferenz für Umwelt und Entwicklung 1992 in Rio de Janeiro ist allen klar geworden, daß die Themen Entwicklung und Umwelt aufs engste miteinander verbunden sind. Aufgrund seiner Berufung in das „Nationale Komitee für Umwelt und Entwicklung" durch die Bundesregierung konnte Norbert Herkenrath unmittelbar an den politischen Debatten um dieses Thema teilnehmen. Es eröffneten sich dadurch neue Diskussionszusammenhänge sowohl in den Bereich der Industrie hinein als auch hin zu Nicht-Regierungsorganisationen aus dem Umweltbereich, von denen Misereor sehr profitiert hat. Die hier entstandene Kooperation mit dem BUND führte zur Studie „Zukunftsfähiges Deutschland", die viel Aufsehen erregt und große Aufmerksamkeit gefunden hat. Die folgenden Texte zeigen das Bemühen, die ökologische Herausforderung in der Perspektive weltweiter Solidarität anzunehmen und produktiv zu verarbeiten.

8. Nachhaltigkeit – Herausforderung für Mercedes und Misereor (1992)

Zum 15./16.12.1992 wurde Norbert Herkenrath eingeladen, beim Theorieforum der Mercedes-Benz AG einen Vortrag zum Thema „Wir sind ein Teil der Erde – wie lange noch?" zu halten. Spontan nahm er diese reizvolle Herausforderung an:
- *Als Verfechter einer weltweiten Solidarität mit den Armen*
- *zur ökologischen Herausforderung*
- *vor Mitarbeitern eines transnationalen Unternehmens der Automobilbranche zu sprechen – damit war ein Beziehungsdreieck geschaffen, das es nicht sehr häufig gibt. Als Brückentheorie wird in dem leicht überarbeiteten Text auf die Wirtschaftsethik gesetzt. Die grundlegende Argumentation hat Norbert Herkenrath in den folgenden Jahren noch öfters aufgegriffen.*

Wir sind zwar nur ein Teil der Erde, aber zugleich auch verantwortlich für das Ganze. Es liegt in unseren Händen, die Erde zu gestalten – und inzwischen auch, sie zu vernichten. Günter Anders hat in seinem berühmten Buch über „Die Antiquiertheit des Menschen" auf das historisch Neue unserer Situation hingewiesen: Wir sind erstmals in der Lage, uns selbst und alles Leben auf der Erde vollständig zu vernichten. Ab jetzt gibt es eine andere Grundwahrnehmung unseres In-der-Welt-Seins, denn es ist jetzt jederzeit möglich, was früher völlig undenkbar war, das selbstproduzierte Verschwinden der Menschen. Günter Anders hat diese Überlegungen im Hinblick auf die Atombombe und die Gefahr der menschheitlichen Selbstzerstörung durch die Massenvernichtungswaffen entwickelt. Inzwischen haben sie zusätzliche Evidenz durch die Einsichten in die Grenzen des Wachstums und die Möglichkeit eines ökologischen Kollaps gewonnen.

Der Teil der Erde, in dem wir leben, hat einen Prozeß in Gang gesetzt, der die ganze Erde betrifft und bedroht. Wir können uns nicht zurückziehen auf die bescheidene Rolle eines Teils des Ganzen, dem wir uns einordnen. Was wir hervorgebracht haben, macht sich über die ganze Erde und alle ihre Teilbereiche her. Nach dem Verursacherprinzip haben wir eine Verantwortung für die von uns geschaffene Welt. Diese Verantwortung gilt es wahrzunehmen – gerade jetzt, wo wir die Kompliziertheit der Situation zu erkennen beginnen und vor den selbstproduzierten Sackgassen erschrecken. Die Frage ist: Wie sollen wir diese Verantwortung wahrnehmen?

Mercedes und Misereor: Die Ausgangslage

Bevor ich einige Linien solcher Verantwortungsübernahme zeichne, möchte ich etwas zu dem pauschalen „Wir" sagen. Dieses „Wir" umfaßt alle gesellschaftlichen Gruppierungen und ist insofern sehr unspezifisch. Will man nicht allgemein und unverbindlich bleiben, müssen die einzelnen Akteure oder Gruppierungen je für sich untersucht werden. Ich will nicht zu allen Akteuren etwas sagen, sondern möchte mich auf die hier konkret gegebene Konstellation beschränken.

Was kann ich als Vertreter einer kirchlichen Nicht-Regierungsorganisation der armenorientierten Entwicklungszusammenarbeit Ihnen sagen, die Sie Mitarbeiter eines transnationalen Unternehmens sind, das sein Image insbesondere der Produktion edler Automobile der Luxusklasse verdankt? Wo finden sich Punkte gemeinsamen Interesses und gemeinsamer Verantwortlichkeit nicht nur bezüglich unseres Status als Bürger einer demokratisch orientierten Gesellschaft, sondern auch als Vertreter unserer Arbeitsfelder? Was kann ich Ihnen sagen, das für Sie als Mitarbeiter von Mercedes mehr ist als eine erbauliche oder nachdenklich machende aber praktisch völlig irrelevante Rede?

Verantwortungsethik als gemeinsame Basis

Wie schon in den siebziger Jahren in den USA wurde im vergangenen Jahrzehnt auch in der Bundesrepublik die Wirtschaftsethik zu einer wichtigen Brücke zwischen der Wirtschaft und anderen gesellschaftlichen Gruppierungen. Sie ist inzwischen in fast allen Unternehmen als bedeutungsvoll anerkannt, wobei ihr Spektrum von einer Tugendethik für Manager über das breite Feld der Unternehmensethiken bis hin zu Fragen nach den Zielen des Wirtschaftens und der den Unternehmen zukommenden Verantwortung für die Entwicklung der Gesellschaft reicht. An der letztgenannten Aufgabe möchte anknüpfen. Heute bleiben gerade die großen Unternehmen nicht mehr bei der Ohne-mich-Mentalität stehen, wonach sie ausschließlich für die unmittelbare Gewinnmaximierung des Unternehmens zuständig sind, alle darüber hinausgehenden Fragen aber dem Verantwortungsbereich anderer gesellschaftlicher Gruppierungen, insbesondere der Politik zuordnen. Gerade die ökologische Herausforderung hat diese Mentalität aufgebrochen.Mit einer solchen Erweiterung des Selbstverständnisses der Unternehmen nimmt aber auch die Verantwortung für die gesellschaftlichen Entwicklungen zu. Nicht zufällig kreisen die wirtschaftsethischen Überlegungen deshalb immer wieder und immer mehr um den Begriff der *Verantwortung*. Der Frankfurter Wirtschaftsethiker Friedhelm Hengsbach erläutert dies folgendermaßen:

„Das Wort 'Verantwortung', das in der wirtschaftsethischen Diskussion eine so große Rolle spielt, steht für eine Vermutung, daß in der Wirtschaft wie in der alltäglichen Lebenswelt allgemeinverbindliche Werte und Normen gelten, daß Menschen die Wirtschaft, so komplex sie auch erscheinen mag, als Kulturleistung hervorgebracht haben und daß sie infolgedessen einen Handlungsspielraum behalten, der durch kein Naturgesetz, keine Evolution und keine Systemkomplexität aufgehoben wird; sie können frei entscheiden und können für die Folgewirkungen ihrer Entscheidungen verantwortlich gemacht werden"[1]

Diese Beschreibung macht auch deutlich, daß Ethik hier nicht als ein Moralisieren verstanden wird. Nicht um Appelle geht es, sondern um eine Verantwortungsübernahme in der Sache. Eine solche Verantwortungsübernahme braucht eine möglichst umfassende Sachkenntnis und impliziert vor allem die Fähigkeit, Sachverhalte nicht allein von den eigenen Interessen, sondern von den Interessen aller Beteiligten her in den Blick zu nehmen. Aus der Arbeit Misereors füge ich hinzu: *Insbesonders* aus der Perspektive der Benachteiligten, der Schwachen, der Armen. Dieser Perspektive gilt unser Hauptaugenmerk – begründet sowohl aus der jüdisch-christlichen Tradition als auch von Gerechtigkeitsethiken her, die den Benachteiligten ein Recht auf besondere Aufmerksamkeit zusprechen. Diese Beachtung der Benachteiligten ist dabei von Anfang an und prinzipiell in einen weltweiten Kontext gestellt.

Wenn es hier um ökologische Fragen im Kontext der Einen Welt geht, dann kann das spezifische Feld eines Dialogs zwischen Mercedes und Misereor so abgesteckt werden: Aufbauend auf eine Analyse der Situation geht es um eine Verständigung über die Bewertungskriterien und über die konkret anstehenden Herausforderungen. Konsens gibt es dabei sicherlich hinsichtlich einer Überwindung von Beschränkungen auf den nationalen Kontext zugunsten einer weltweit ansetzenden Sichtweise, die für ein transnationales Unternehmen ohnehin selbstverständlich ist. Wie es hinsichtlich des Kriteriums einer besonderen Berücksichtigung der Armen aussieht, sei zunächst einmal dahingestellt. Ich beginne mit einer Skizze der ökologischen Problemlage.

Die reale Gefahr einer Zerstörung der Erde

Die Veröffentlichung des ersten Berichts an den Club of Rome über „Die Grenzen des Wachstums" (1972) gilt als die historische Marke, von der an die ökologische Bedrohung mit beeindruckender

---
(1) Friedhelm Hengsbach, Wirtschaftsethik, Freiburg 1991, 19

Geschwindigkeit zu einem Teil des allgemeinen Bewußtseins wurde. Ich möchte hier nicht längst Bekanntes noch einmal wiederholen, sondern lediglich im Überblick sieben der gegenwärtig meistdiskutierten Gefahren nennen und dann ein Grundproblem ansprechen, das insbesonders für das ökonomische Denken von Bedeutung ist.

1. *Die Erderwärmung, der sog. Treibhauseffekt.* Dieser ist vor allem verursacht durch die im Zuge der modernen Entwicklung hervorgebrachten Spurengase, in erster Linie das Kohlendioxid (50 %), aber auch von Fluorchlorkohlenwasserstoffen, Methan, Ozon, Distickstoffoxid usw. Hauptverursacher der unabsehbar katastrophalen Folgen der Erderwärmung sind die Verbrennung fossiler Energieträger (Kohle, Erdöl, Erdgas) und das Verkehrsaufkommen.

2. *Die Zerstörung der Regenwälder.* Konsequenzen sind die Vernichtung des Lebensraums der „Regenwaldvölker", eine Veränderung des globalen Klimas und eine massive Reduktion des Artenreichtums und der Genreserven der Erde. Entgegen einem bei uns verbreiteten Klischee sind die Brennholzgewinnung und der Wanderfeldbau der Armen nicht die hauptsächliche Quelle der Regenwaldvernichtung. Bedeutende Faktoren sind ebenfalls: die Tropenholzexporte (deren Schneisen die Wälder oft erst für die Armen öffnen), die Agrarplantagen, die Rinderfarmen, die Großprojekte im Regenwaldbereich.

3. *Die Zerstörung der Ozonschicht,* deren Folgen für Länder wie Australien und Neuseeland in diesem Jahr schon mit drastischen Bildern belegt wurden. Für diese Entwicklungen werden heute vor allem die chlorhaltigen Verbindungen aus industrieller Produktion verantwortlich gemacht, die zu etwa 95 % aus den reichen Nordländern der Erde stammen.

4. *Die Verschmutzung und Abfischung der Weltmeere.* Diesen droht durch giftige Schadstoffe in einigen Regionen bereits jetzt der biologische Tod. Die Überfischung zerstört die Regenerationsfähigkeit der Lebewesen des Meeres.

5. *Die Erosion der Böden.* Jedes Jahr gehen Millionen von Hektar fruchtbaren Landes verloren. Unangepaßte Bewirtschaftung und Abholzung führen zu Versteppung, Versalzung und Desertifikation.

6. *Die Vergiftung der Luft.* Schadstoffbelastete Luft bleibt nicht in der Region der Entstehung dieser Schadstoffe, sondern breitet sich überallhin aus. Besonders hohe Belastungen gibt es in den Städten: Weltweit leben Zweidrittel der Stadtbevölkerung unter Luftbedingungen, die die Weltgesundheitsorganisation als inakzeptabel einstuft.

7. *Der Verlust der Arten.* Täglich werden 50 bis 100 Pflanzen- und Tierarten ausgerottet, besonders im Zuge der Zerstörung der Regenwälder. Viele dieser Arten sind der Wissenschaft nicht einmal bekannt. Niemand weiß, welche Folgen diese Vernichtung des Genreservoirs der Erde haben wird.[2]

Eine besonders für die Ökonomie wichtige Herausforderung hinsichtlich einer globalen Verantwortungspolitik liegt im Verbrauch nicht regenerierbarer Ressourcen. Das gilt sowohl für die fossilen Energiestoffe als etwa auch für die Übernutzung knapper Wasservorräte, insbesondere dann, wenn damit die Grundwassererhaltung bedroht ist. Gerade die Konflikte um Wasser werden vielfach als kommende Konflikte angesehen, die leicht zu größeren kriegerischen Auseinandersetzungen führen können.

Exkurs zum Bevölkerungsproblem

Einige von Ihnen werden in dieser Zusammenstellung vermutlich den Faktor der rapiden Zunahme der Weltbevölkerung vermissen, der gerade hierzulande gerne als das Hauptproblem hingestellt wird. Und da ich als Vertreter einer kirchlichen Institution spreche, liegt die Vermutung nahe, hier werde etwas verschwiegen, weil die römische Kirchenleitung bei diesem Thema an der Ablehnung von Maßnahmen der Familienplanung kompromißlos festhalte. Exkursartig möchte ich daher einige wenige Anmerkungen zu diesem Thema machen.

---

(2) Vgl. zu diesen sieben ökologischen Gefahren die entsprechende Zusammenstellung in: Dritte Welt Haus Bielefeld (Hg), Atlas der Weltverwicklungen, Wuppertal 1992, 24-39

1. Das Bevölkerungsproblem ist zweifellos ein gravierendes Problem, und Maßnahmen zur Eindämmung des rapiden Bevölkerungswachstums sind dringlich geboten.

2. Die Kirche sieht dieses Problem ebenfalls und betont die Notwendigkeit von Familienplanung. Dabei bringt sie gegenüber der landläufigen Diskussion zwei zusätzliche Akzente ins Spiel: die Abwehr aller staatlicher Zwangsmaßnahmen, d.h. den Schutz der freien Entscheidung der Eltern über die Kinderzahl. Und zweitens eine restriktive Position in der Methodenfrage, wonach nur Enthaltsamkeit und die sogenannte „natürliche Familienplanung" erlaubt sind.

3. Diese Methodenfrage steht im Zentrum der öffentlichen Diskussionen um die Position der Kirche, auch wenn diese Position nie mit dem Anspruch absolut letztverbindlicher Gültigkeit verkündet wurde. Mit vielen anderen in der Kirche glaube ich, daß sich an dieser offiziellen Position etwas ändern muß.

4. Dennoch muß festgehalten werden, daß das Problems der rapiden Bevölkerungsentwicklung keineswegs an der Position Roms in dieser Frage hängt. Einmal angenommen die römische Kirchenleitung würde sich zu einer gänzlichen Freigabe der Mittel zur Empfängnisverhütung entschließen, so hätte diese Veränderung kaum Auswirkungen auf die Weltbevölkerungsentwicklung. So wichtig es ist, daß die Kirche sich hier bewegt, so wenig trägt diese Bewegung zur Lösung des Problems der rapide zunehmenden Weltbevölkerung bei (wo es die höchsten Zuwachsraten in der Bevölkerung gibt, leben nur wenige Christen; in sog. katholischen Ländern wie Italien ist die Geburtenrate schon jetzt sehr niedrig).

5. Das Problem der Bevölkerungsentwicklung darf nicht in der gleichen Weise wie die anderen eben genannten Faktoren als ein Grund für die ökologischen Gefährdungen angesehen werden, weil es zu großen Teilen ein *Folgeproblem* der Verarmung der Menschen ist. Sobald es gelingt, die entmenschlichenden Armutssituationen zu überwinden, stellt sich in der Regel auch ein Rückgang der Geburten ein. Und daß die Verarmung in verschiedener Weise die ökologischen Probleme *verschärft* (nicht hervorbringt!), wurde schon gesagt.

Gerade im Blick auf die oftmals simplifizierende Diskussion bei uns scheinen mir diese Zusammenhänge sehr wichtig zu sein. Denn wenn die Diskussion um Umwelt und Entwicklung auf das Bevölkerungsproblem enggeführt wird, legt sich der Verdacht nahe, hier werde dasjenige Problem aus der Fülle an Herausforderungen herausgegriffen, bei dem wir hier im Norden überhaupt keine Veränderungen vornehmen müssen.

Ökologischer Umbau der Industriegesellschaften zum Nutzen auch der Dritten Welt

Daß angesichts der ökologischen Gefährdungen nicht nur etwas geschehen muß, sondern grundlegende und weitreichende Veränderungen gefordert sind, ist inzwischen ein Konsens unter allen, die bereit sind, sich mit diesen Fragen zu beschäftigen. Diese Veränderungen sind zudem dringlich. Die Zeit zur Rettung der Erde ist begrenzt; wenn zu wenig geschieht, könnte der letzte Grenzpunkt für Veränderungen überschritten und der Prozeß der Zerstörung der Erde unaufhaltbar werden.

Der Maßstab für die notwendigen Veränderungen wird in der hiesigen Diskussion meist durch die Einbeziehung der zukünftigen Generationen gewonnen: Wir sollen so mit der Erde umgehen, daß daraus für die künftigen Generationen keine Nachteile erwachsen; wir sollen eine solche Weise des Umgangs mit der Natur entwickeln, daß die Form unserer Bedürfnisbefriedigung künftige Generationen nicht daran hindert, ihre eigenen Bedürfnisse zu befriedigen. So oder ähnlich lauten die Definitionen des „sustainable development", der „nachhaltigen Entwicklung", die auf der UNCED-Konferenz in Rio de Janeiro Mitte dieses Jahres in der ebenso umfangreichen wie wichtigen „Agenda 21" zur Basisoption wurde.

Nicht in Konkurrenz sondern in Ergänzung zu diesem die Zukunft in die Gestaltung der Gegenwart einbeziehenden Konzept möchte ich aufgrund des globalen und armenorientierten Ansatzes der kirchlichen Entwicklungsarbeit ein Verantwortungsverständnis erläutern, das die Armen der *Dritten Welt* in die Gestaltung von Gegenwart und Zukunft der Ersten Welt einbezieht.

In dieser Perspektive kommt nicht allein die mangelnde Zukunftsfähigkeit unserer Wirtschaftsweise in den Blick, sondern vor allem ihre Nichtverallgemeinerbarkeit. Schon jetzt wären die ökologischen Kapazitäten der Erde hoffnungslos überfordert, wenn alle Menschen so leben könnten wie wir. Das Problem einer unverantwortlichen Überstrapazierung der Erde durch die reichen Nationen des Nordens stellt sich nicht nur gegenüber unseren Enkeln, sondern ebenso gegenüber unseren gleichzeitig lebenden Geschwistern, vor allem in den Ländern der Dritten Welt. Die alte Vorstellung einer „nachholenden Entwicklung" in der Dritten Welt ist endgültig dahin: Würde die Dritte Welt wirklich nachholen – und aus verständlichen Gründen versucht sie genau das – wäre die Frage „Wieviel Zeit haben wir noch?" beantwortet: Es ist vorbei.

Eine Zeitlang gab es die Vorstellung, das Problem durch andere Prioritäten in der Dritten Welt zu lösen, ihr also einen ökologisch verträglicheren und sozial angepaßteren Entwicklungsweg vorzuschlagen. Die Unmöglichkeit einer solchen Lösung, die immer auch ein Zwei-Klassen-System enthalten würde, veranschaulicht Hans Magnus Enzensberger an einem Beispiel: „Die Ingenieure eines europäischen Automobilkonzerns haben in jahrelanger Arbeit ein Fahrzeug entwickelt, das den Bedingungen armer Tropenländer angepaßt war. Nach einem einfachen Baukasten-Prinzip gebaut, bedurfte das Modell keiner Pflege, war sparsam im Verbrauch, leicht zu reparieren und zu handhaben; es war außerdem billig, da alles entbehrliche Zubehör fehlte. Die Produktion dieses Wagens wurde nie aufgenommen, da die in Betracht kommenden Länder es entschieden ablehnten, billigere Autos zu fahren als die Franzosen oder die Amerikaner".[3] Ganz gleich, ob die reichen Industrieländer ihrerseits sich als Vorbilder verstehen oder, wie in den letzten Jahren häufiger, dazu neigen, die Vorbildrolle mit gemischten Gefühlen zu betrachten, sie sind faktisch die Vorbilder, weil die Länder der Dritten Welt selbst ihnen diese Rolle zuschreiben. Insbesonders die bestimmenden Gruppierungen in diesen Ländern, die Eliten, lassen an einer solchen Grundorientierung keinerlei Zweifel aufkommen. Das bedeutet aber für die reichen Länder des Nordens, daß sie die Tatsache der weltweiten Rezeption ihrer Lebensweise planerisch berücksichtigen müssen: Es ist ein Umbau *bei uns* not-

---

(3) H.M. Enzensberger, Eurozentrismus wider Willen,
in: Ders., Politische Brosamen, Frankfurt 1982, 31-52; 39

wendig, der so auszusehen hat, daß auch eine weltweite Verbreitung unserer Lebensweise und unseres Umgangs mit der Natur ökologisch nicht zum Ruin der Erde führt.

Gegen diese Argumentation ist eingewendet worden, daß sich das Problem so nicht stelle, wie das Beispiel des Autoverkehrs zeige. Wenn man ein jährliches Pro-Kopf-Wachstum von etwa 3 bis 5 % unterstelle, würde es um die 100 Jahre dauern, bis Länder wie China, Indien oder die Region Schwarzafrika den gegenwärtigen Stand der Bundesrepublik Deutschland in Pro-Kopf-Anzahl von Autos erreicht hätten. Bis dahin könne es ganz andere Verkehrssysteme geben, Autos mit einem minimalen Energieverbrauch oder solarbetriebene Fahrzeuge usw. *Richtig* an diesem Einwand ist der Hinweis auf die technologischen Weiterentwicklungen, die es nicht zulassen, die Gegenwart glatt in die Zukunft zu projizieren. *Falsch* ist die Zuversicht, der technische Fortschritt werde es schon richten. Ein Beispiel ebenfalls aus dem Automobilbereich: Auf der einen Seite ist es der Industrie gelungen, den Benzinverbrauch der Autos erheblich zu reduzieren und damit einen Beitrag zur Reduktion der CO_2-Emissionen zu leisten. Diese erfreuliche Entwicklung wird aber konterkariert durch die Tatsache, daß die Bundesbürger im gleichen Zeitraum durchschnittlich größere und PS-stärkere Autos erworben haben, daß der Gesamt-PKW-Bestand ebenso zugenommen hat wie die Zahl der gefahrenen Kilometer. Als Folge davon haben die CO_2-Emissionen zwischen 1987 und 1992 um 16 % zugenommen. Dies ist auch deshalb besonders bemerkenswert, weil die Bundesregierung 1990 beschlossen hat, die CO_2-Emissionen bis zum Jahr 2005 um 25-30 % zu *reduzieren*, und zwar bezogen auf das Niveau von 1987.[4] Gegenüber der Annahme, daß sich der technische Fortschritt als Entlastung der Natur auswirken wird, gibt es also die Erfahrung, daß mit dem naturschonenden technischen Fortschritt zugleich auch die Ansprüche und der Verbrauch steigen, so daß in der Gesamtbilanz weiterhin eine Verschlechterung zu verzeichnen ist.

Ebenso falsch ist es anzunehmen, daß die historischen Entwicklungsprozesse Europas und die gesellschaftlichen Entwicklungen in den Ländern der Dritten Welt ohne weiteres vergleichbar sind. Die Dritte-Welt-Länder haben nicht die Zeit, die Europa hatte. Ihr Umfeld ist bestimmt von fortgeschritteneren Ländern, wohingegen Europa

---

(4) Vgl. hierzu Atlas der Weltverwicklungen, aaO, 57

Pionier war. Das macht die Entwicklungsprozesse in der Dritten Welt dramatischer, noch ungleichgewichtiger als es die europäischen waren und führt zu massiveren Spaltungen und Verzerrungen. Die neuesten Entwicklungen unserer Industrie tauchen bald nach ihrem Erscheinen auch in der Dritten Welt auf. Dies führt zu absurden Situationen, wie ich sie während meiner Tätigkeit in Brasilien selbst erlebt habe. So gibt es in einem Dorf im Nordosten einerseits modernes Farbfernsehen und die neuesten Automodelle, andererseits arbeiten die Bauern noch mit der Hacke und wollen den Pflug nicht benutzen, weil es gegen die überkommene Tradition verstoße. Dies führt dazu, daß die Umweltbelastungen beispielsweise durch den Verkehr sich nicht im Zuge der gesellschaftlichen Entwicklung wie in Europa langsam steigern, sondern z.T. schockartig anwachsen und die europäische Situation übertreffen. Ein Beispiel sind die Millionenmetropolen in der Dritten Welt, in denen man zunehmend Fußgängern mit Mundschutz oder Atemmasken begegnet. Schon die jetzige Rezeption des westlichen Industrialisierungs- und Umweltbelastungsmodells übersteigt an vielen Stellen die ökologisch sinnvollen Kapazitätsgrenzen. Eine Weiterentwicklung in diese Richtung wird schon bald in Ökokatastrophen größeren Ausmaßes treiben.

Wie bei uns selbst kann man auch in vielen Ländern der Dritten Welt sehen, daß die gegenwärtige Industrialisierungspraxis in Aporien treibt, deren Vermeidung grundlegende Revisionen erfordert. In diesem Punkt sind sich alle betreffenden Studien einig, seien es die Berichte an den Club of Rome, die Reports des Worldwatch-Instituts aus New York, seien es die Berichte internationaler Nord-Süd- oder Süd-Süd-Kommissionen usw. Der Blick auf die Länder der Dritten Welt verschärft diese Problematik: Sie stehen vielfach erst am Anfang oder in den ersten Etappen der Industrialisierungsprozesse und sind schon jetzt mit den ökologisch katastrophalen Folgen konfrontiert. Während bei uns langsam die Vorstellung eines ökologischen Umbaus auf dem erreichten Niveau Raum gewinnt, ist die Anstrengung in diesen Ländern vielfach noch auf das Nach- und Aufholen konzentriert, auf die Ausweitung und Intensivierung der Industrialisierung. In globalen Ökobilanzen erscheint daher die Gefahr einer Zerstörung der Erde noch wahrscheinlicher und noch naheliegender als es ein Blick allein auf die Industrieländer nahelegt.

Insofern ist eine Haltung unverantwortlich, die meint, die Dritte Welt sei ökologisch noch nicht so strapaziert und vertrage deswegen eine umweltbelastendere Produktionsweise besser als der Norden. Auch der Export von Industriemüll in diese Länder ist ein Skandal, der über die Ignoranz gegenüber dem Lebensanspruch der Menschen in der Dritten Welt hinaus langfristig zum Schaden aller beiträgt. Ebenso falsch ist es, den Hebel für ökologische Reformen vor *allem* in den Ländern der *Dritten Welt* anzusetzen – ein Ansatz, der sich leider auch in einigen Passagen des diesjährigen Weltentwicklungsberichts der Weltbank findet. Gegen diesen Ansatz sprechen vor allem zwei Gründe:

1. Die Länder der Ersten Welt sind der Hauptverursacher der ökologischen Probleme. Sie verbrauchen zu viele Ressourcen, belasten die Atmosphäre mit zu vielen Schadstoffen, sie sind beinahe ausschließlich (nämlich zu 95 %) verantwortlich für die Produktion der chlorhaltigen Verbindungen, die das Ozonloch verursachen. Das ist inzwischen allgemein bekannt und wird häufig gesagt. Ebenso wichtig ist aber der zweite Grund, den ich eben bereits kurz angesprochen habe:

2. Aufgrund ihrer faktischen Vorbildfunktion bestimmen die Industrieländer des Nordens mit einem ökologischen Umbau ihrer Gesellschaften nicht nur über ihre eigenen internen Entwicklungen, sondern geben zugleich auch wichtige Signale an die Länder der Dritten Welt, die die ökologischen Imperative rezipieren, sobald sie nicht nur proklamiert, sondern auch bei uns selbst realisiert werden. Sicherlich ist dies kein Automatismus, aber nach allen bisherigen Erfahrungen ist es der erfolgversprechendste Ansatz. Forderungen, die einseitig an die Länder der Dritten Welt gerichtet werden, erscheinen diesen als „Ökoimperialismus", wie einige Diskussionen auf der UNCED-Konferenz gezeigt haben. Und man muß sagen, daß ein solcher Eindruck oftmals nicht zu Unrecht entsteht.

Ich möchte hier hervorheben, welch große Chance damit verbunden ist, durch Veränderungen der Wirtschaftsweise *bei uns*, also etwa durch Verfahren, die eine erhebliche Reduktion des Ressourcenverbrauchs erlauben, nicht nur für eine bessere ökologische Lage hierzulande zu sorgen, sondern auch weltweit solche Umbruchprozesse anzuregen. Gerade wenn man entwicklungspolitisch denkt, wenn es um die Solidarität mit der Dritten Welt geht, kommt der Forderung nach einem ökologischen Umbau der Industriegesellschaften eine besonders hervorragende Bedeutung zu.

Ökologische Veränderungen mittels „ökonomischer Rationalität" am Beispiel der Automobilbranche

Die Analyse der Situation trägt bei zu einem Bewußtwerden der ökologischen Gefahr. Ebenso wichtig ist es aber, Handlungsmöglichkeiten zu entwickeln, um die Situation zu verändern. Diese Handlungsmöglichkeiten dürfen sich nicht auf den Privatbereich und das gesellschaftliche Handeln als aktive Bürger beschränken, sondern müssen auch und gerade auf dem Feld der beruflichen Aktivitäten zum Tragen kommen. Im hier gegebenen Kontext ist das vor allem die Frage nach dem Beitrag der Wirtschaft und da nochmals besonders nach dem Beitrag großer Unternehmen zum ökologischen Umbau der Industriegesellschaften.

Um die umweltpolitischen Fragen ökonomisch produktiv aufnehmen zu können, müssen sie in die Welt der Wirtschaft mit ihren spezifischen Funktionsweisen und Steuerungsmechanismen übersetzt werden. An einer solchen ökonomischen Aufnahme der Umweltproblematik wird inzwischen tatkräftig gearbeitet. Eine besondere Rolle kommt dabei der Frage zu, ob es gelingt, die Umweltbelastungen in die *Preisbildung* einzubeziehen. Die in der ökonomischen Theorie etablierte Vorstellung einer Knappheit der Güter soll auf die Gegebenheiten der Umwelt ausgedehnt werden, auf Meere, Wälder, Atmosphäre, Luft usw. Je knapper diese Güter werden oder je mehr sie belastet werden, desto teurer müssen sie sein. Viele ökologische Belastungen bleiben bisher als externe Kosten außerhalb der Preisbildung. Und es ist in der Tat schwierig, angemessene Preise für Schadstoffausstoß, Gewässerbelastung, Waldschädigung usw. zu definieren und durchzusetzen. Dennoch ist es nicht unmöglich, auch wenn oftmals der Weg über staatliche Maßnahmen im Sinne von Abgaben, Steuern und dergl. gewählt werden muß. Die Pointe dieser Maßnahmen besteht bei allen konkreten Schwierigkeiten darin, Anreize zu einer umweltschonenden Produktionsweise zu schaffen. Je weniger Giftstoffe ein Industrieunternehmen ausstößt, um so preiswerter muß es produzieren können. Je weniger Schadstoffe ein Auto abgibt und je geringer die Umweltbelastung seiner Produktion ist, um so preiswerter müssen seine Herstellung und sein Unterhalt sein.

In dieser Hinsicht scheinen mir z.b. einige Überlegungen innerhalb der EG im Prinzip recht sinnvoll zu sein, Anreize zur Absenkung des durchschnittlichen Benzinverbrauchs der Autos zu schaffen. Nach den Vorstellungen der „Motor Vehicle Emission Group", die die EG-Kommission berät, soll im Jahr 1995 eine „Null-Linie" bei Automodellen gezogen werden, die 160 Gramm des Treibhausgases Kohlendioxid pro gefahrenem Kilometer aus dem Auspuff pusten. Das entspricht einem Benzinverbrauch von 6,7 Litern auf 100 Kilometern. Jenseits dieser Null-Linie müßten diejenigen, deren Autos mehr Benzin verbrauchen, entsprechend dem Mehrverbrauch höhere Steuern bezahlen, während diejenigen, deren Autos weniger verbrauchen, je nach Einsparungen einen höheren Bonus erhielten, der dann aus den Einnahmen von den Vielverbrauchern ausgezahlt werden soll. Den Vorschlägen der Expertengruppe folgend, zu der Vertreter der europäischen Autoindustrie, unabhängige Fachleute, Verbraucherschutz- und Umweltverbände gehören, sollen die anfallenden Beiträge durchaus merklich sein: Für Autos, die 12 Liter auf 100 km verbrauchen, wären 10.000 DM zu zahlen, für Autos, die 17 Liter verbrauchen sogar 20.000 DM. Des weiteren ist daran gedacht, die Null-Linie Jahr für Jahr leicht zu senken, so daß im Jahr 2005 bei den Neuwagen ein Benzinverbrauch von durchschnittlich fünf Litern erreicht würde.[5]

Es geht mir hier nicht primär um die einzelnen konkreten Schritte dieses Vorschlags, sondern um ein Beispiel für die *Art* von Maßnahmen, die getroffen werden müssen. Eine hohe Bedeutung kommt dabei m.E. der grundlegenden Mentalität zu, in der die betroffenen Unternehmen auf solche Initiativen zugehen. Werden sie lediglich als eine Bedrohung empfunden, die es möglichst brillant abzuwehren gilt (etwa durch ein Ausspielen des Arbeitsplatzarguments), oder geht man konstruktiv auf diese Herausforderungen zu und versucht durch eine kreative Aufnahme des sichtbar werdenden Trends die eigene Produktion so zu gestalten, daß unter den kommenden ökologisch strengeren Rahmenbedingungen eine Ausgangssituation geschaffen wird, die einen Vorsprung gegenüber den Mitbewerbern ermöglicht?

---

(5) Vgl. „Der Kampf gegen die 'Spritsäufer' entzweit die Bonner Ministerien", in: Frankfurter Rundschau, 12.12.92

In diesem Sinne fragt auch der diesjährige Report des Worldwatch-Instituts: „Unternehmen stehen enorme Veränderungen in den kommenden Jahren bevor. ... Unternehmen werden sich bestimmt als Antwort auf Umweltgefahren ändern, doch werden sie es mit Voraussicht tun und die nötigen Korrekturen vorwegnehmen? Oder werden sie bremsen und möglicherweise die Gesellschaft an den Rand der Katastrophe treiben?"[6] Dabei könnte das ökologisch verantwortliche Planen gerade die Grundlage zukünftigen Erfolgs schaffen. Ich zitiere nochmals den Worldwatch-Report: „Innerhalb eines jeden Industriebetriebs werden diejenigen, die die Notwendigkeit des Wandels erkennen und die Führung übernehmen, besser dastehen als die, die den Status quo zu erhalten suchen. Die heutige Lage führt zu einer faszinierenden Frage: Sind die unternehmerischen Interessen und das Überleben der Zivilisation inzwischen so eng verknüpft, daß Unternehmen, die wirkliche ökologische Verantwortung übernehmen, einfach dadurch, daß sie auf eine tiefempfundene öffentliche Sorge über die Zukunft reagieren, Aussicht auf ökonomische Gewinne haben?"[7] Auf diese Frage folgt in dem Report des renommierten Instituts die Beschreibung von zwei Unternehmen, bei denen die offensive Annahme der ökologischen Herausforderungen zu großen Markterfolgen geführt hat.

Was den Automobilbereich angeht, setzt der Report sehr stark auf eine „Verlagerung von fossilen Brennstoffen auf ein Energiesystem mit Solar-/Wasserstoffbasis".[8] Damit lägen die Herausforderungen konkret sowohl auf der Ebene einer Reduktion der Emissionen als auch einer Transformation im Bereich der Energiesysteme. Als Drittes käme dann noch die Entwicklung integrierter Verkehrssysteme hinzu, in denen der Individualverkehr eine erheblich geringere Bedeutung haben wird als heute. Ein Umbruch, der wiederum die Frage nach Veränderungen in der Produktpalette enthält, wenn die Unternehmensgröße möglichst erhalten werden soll.

In diesem Zusammenhang möchte ich auf einen weiteren Aspekt aufmerksam machen, der mir von meiner Arbeit her besonders am Herzen liegt und der in der ökologischen Debatte gelegentlich etwas zu kurz kommt.

---

(6) Worldwatch Institute (Hg), Zur Lage der Welt 1992, Frankfurt 1992, 241
(7) Ebd., 246
(8) Ebd., 242 u.ö.

Was transnationale Unternehmen für internationale Gerechtigkeit tun können

Wir sind nicht nur als Menschen ein Teil der Erde, sondern als Erste Welt auch ein Teil der Menschheit. Verantwortlich sind wir daher nicht nur für die Erhaltung der Erde, sondern auch für jenen Teil der Menschheit, der in absoluter Armut und Ausgrenzung unterzugehen droht. Über eine Milliarde Menschen leben unterhalb dessen, was von internationalen Organisationen als Existenzminimum bezeichnet wird. Viele Bereiche der Dritten Welt drohen in ihrer wirtschaftlichen Entwicklung nicht nur zu stagnieren, sondern in einen regelrechten Niedergang zu fallen. Dies gilt insbesondere für Afrika südlich der Sahara, aber auch für einige Regionen Lateinamerikas. In den achtziger Jahren gab es hier einen Rückfall hinter schon einmal erreichte Standards.

Wir sprechen im Blick auf unsere Gesellschaften von einem Trend zur Zweidrittelgesellschaft, also der tendenziellen Ausgrenzung von einem Drittel der Bevölkerung aus dem Wirtschaftsprozeß. In der Dritten Welt gibt es oftmals eine Tendenz zu einer Eindrittelgesellschaft, weil bis zu Zweidrittel der Bevölkerung aus dem Wirtschaftsprozeß ausgegrenzt werden. In Brasilien beispielsweise gehören von den 150 Millionen Einwohnern etwa 60 Millionen zum mehr oder weniger florierenden Wirtschaftskreislauf, die überwiegende Mehrheit der Bevölkerung ist für diesen Wirtschaftsprozeß nicht interessant. Sie sind – ökonomisch gesehen – überflüssig.

Praktisch alle Experten sind sich einig, daß die internationalen und nationalen Rahmenbedingungen entscheidende Faktoren dafür sind, daß Millionen von Menschen in solch aussichtslose Situationen geraten sind. Die Frage lautet, welchen Beitrag transnationale Unternehmen zur Überwindung dieser Weltlage leisten können.

In einem Artikel vom 16.3.1990 in der „Zeit" hat Edzard Reuter unter dem Titel „Ein neues Netz für den Frieden" die These vertreten, daß nach dem Ende der militärischen Sicherheitspolitik nun die Suche nach gerechteren Weltwirtschaftsstrukturen begonnen habe. Machtträger in diesem Prozeß seien aber weniger die überkommenen Nationalstaaten, die sich auflösten oder in Erstarrung verfielen, sondern global operierende Konzerne, die sich zu einem Netz zusammenschlössen, das insbesondere zwischen dem japanischen, dem US-amerikanischen und dem europäischen Wirtschaftsraum eng geknüpft sei. Zu diesem Projekt einer internationalen Vernetzung der Konzerne gehöre es, daß die weltweit tätigen Unternehmen ihre Verantwortung für die internationale Wirtschaftsordnung und die Erhaltung der Erde wahrnähmen. Auch wenn hier m.e. die Bedeutung der politischen Instanzen zu gering angesetzt wird, ist der Text ein deutliches Bekenntnis zur Mitverantwortung auch im Bereich der Schaffung einer größeren internationalen Gerechtigkeit. Was aber können verantwortlich handelnde transnationale Unternehmen hier tun? Ich sehe vor allem zwei Felder:

1. Auf der internationalen Ebene können sie ihren Einfluß auf die Politik geltend machen, um einige der größten Probleme für die Länder der Dritten Welt zu beseitigen: den Protektionismus der Industrieländer gegenüber Exporten aus der Dritten Welt, die für die lokalen Produzenten in der Dritten Welt verheerend wirkenden EG-Agrarexportsubventionen, die Schuldenkrise, deren Beseitigung inzwischen für unsere Banken keine größere Belastung mehr darstellt, in der Dritten Welt aber zu einer unverantwortlichen Ausbeutung der Ressourcen und dem Tod vieler Armer führt. Die Aufzählung ist noch nicht beendet, aber ich will es hier dabei bewenden lassen.

2. Auch auf der nationalen Ebene besitzen die transnationalen Unternehmen in den Ländern, in denen sie tätig sind, nicht unerhebliche Einflußmöglichkeiten. Sie könnten sich beispielsweise in der Aufdeckung und Überwindung von Korruption in den Verwaltungen engagieren, statt sich an der Korruption zu beteiligen. Sie könnten Vorbilder im Aufbau betrieblicher Mitbestimmung und gewerkschaftlicher Organisationsfreiheit sein, indem sie die Standards der Mutterländer anwendeten. Sie könnten versuchen, auf den Aufbau einer vernünftigen Steuerpolitik Einfluß zu nehmen, deren positive Folgen langfristig gerade für die Unternehmen selbst vorteilhaft sind usw.

Vor einigen Jahren wurde eine interessante Studie in Angriff genommen: eine Untersuchung des Verhaltens der transnationalen Unternehmen in zwei ausgewählten Ländern, in Brasilien und Südkorea. Das Ergebnis dieser Studie war, knapp zusammengefaßt: Die transnationalen Unternehmen sind weder besser noch schlechter als die lokalen Unternehmen. Dieses Ergebnis widersprach sowohl einigen Vermutungen in der hiesigen Dritte-Welt-Solidaritätsbewegung, denenzufolge die transnationalen Unternehmen besonders ausbeuterisch seien, es widersprach aber auch der Propaganda der Unternehmen selbst, die sich beispielsweise rühmten, einen höheren sozialen Standard ihrer Arbeiter und ein größeres sozialpolitisches Engagement im Land vorweisen zu können.[9] Ich meine, daß Unternehmen, die bereit sind, in einer Weise ökologische und soziale Verantwortung zu übernehmen, wie Edzard Reuter es in dem erwähnten Artikel beschrieben hat, sich mit diesem Ergebnis nicht zufriedengeben dürfen. Der Beitrag der transnationalen Unternehmen sollte schon etwas mehr umfassen als das, was der Durchschnitt tut.

Für eine Kultur konfliktlösender Verständigung

Abschließend und die Überlegungen zu den ökologischen und sozialen Herausforderungen in der Einen Welt resümierend möchte ich auf einen Umbruch hinweisen, der in unserer Gesellschaft festzustellen ist: Auseinandersetzungen in der Sache und aufgrund unterschiedlicher Interessenlagen führen immer weniger zu gegenseitigen Verteufelungen und immer mehr zur Bereitschaft, verständigungsorientiert miteinander zu reden und Lösungen zu suchen, die von allen Betroffenen mitgetragen werden können. Die Andersdenkenden kommen weniger als zu bekämpfende Gegner und mehr als Kommunikationspartner in den Blick, von denen es immer auch zu lernen gilt. So sind die Verbraucherinitiativen nicht Gegner der Unternehmen, sondern können von diesen durchaus als Seismographen für künftige Herausforderungen verstanden werden. Ebenso sind die alten und neuen sozialen Bewegungen in der Gesellschaft nicht Bremsen oder Blockierer des Fortschritts, sondern dessen Korrektive in Richtung einer nachhaltigen Entwicklung. Vorausschauendes, an langfristigen Perspektiven interessiertes Handeln, auch und gerade von Unter-

---

(9) Grundlage der Untersuchung waren zwei Studien: einmal von Victor Hugo Klagsbrunn, Studienprojekt deutsche Direktinvestitionen in Brasilien, 1987; zum anderen Suck-Kyo Ahn, Sozioökonomische Auswirkungen deutscher Direktinvestitionen in Südkorea, 1987. Vgl. auch: epd-Entwicklungspolitik Materialien I/89 (Zwischenergebnisse des Projekts); Kirche und Wirtschaft (Dokumentation der Auswertungsphase des Projekts), hg. vom Evangelischen Missionswerk, Hamburg 1990

nehmen, grenzt diese Bewegungen nicht aus, sondern versucht, ihre Impulse kreativ aufzunehmen und fruchtbar zu machen. Auch die kirchliche Entwicklungsarbeit nimmt an dieser gesellschaftlichen Debatte teil und bemüht sich, die Anliegen und Interessen der Armen der Dritten Welt einzubringen – inzwischen zusätzlich und immer mehr auch die Interessen derjenigen Menschen aus der Dritten Welt, die hier bei uns Zuflucht suchen.

Ich rede damit nicht einem harmonistischen Gesellschaftsbild das Wort, sondern allein dem demokratisch-zivilgesellschaftlichen Projekt einer kommunikativen Konfliktaustragung, das für die Zukunftsfähigkeit unserer Gesellschaften unverzichtbar ist.

9. Misereor und die Studie Zukunftsfähiges Deutschland (1995/1996)

Die vom „Wuppertal-Institut für Klima, Umwelt, Energie" erarbeitete und gemeinsam vom BUND (Bund für Umwelt- und Naturschutz Deutschland) und Misereor herausgegebene Studie „Zukunftsfähiges Deutschland" hat begeisterte Zustimmung und scharfe Ablehnung hervorgerufen. Norbert Herkenrath hat sich der aufbrandenden Diskussion von Anfang an gestellt, das Projekt offensiv verteidigt und zugleich geduldig und ausführlich mit den Kritikern diskutiert – im direkten Gespräch wie auch in der Form z.T. langwieriger Korrespondenzen. Der folgende Text nimmt eine Einordnung der Studie in Auftrag und Arbeitsweise von Misereor vor. Im Laufe des Jahres 1996 und bis zu seiner Erkrankung im Jahr 1997 hat Norbert Herkenrath auf zahlreichen Veranstaltungen die inhaltlichen Anliegen der Studie vorgestellt. Leserinnen und Lesern, die diese Studie noch nicht kennen, würde er sie sicherlich eindringlich zur Lektüre empfehlen.

„In der Zeitung lese ich, daß Misereor zusammen mit dem BUND eine Studie 'Zukunftsfähiges Deutschland' finanziert hat. Ist nun auch Misereor den utopisch-irrealen Phantasien der Grünen und Roten auf den Leim gegangen?! Bisher dachte ich, Misereor würde sorgfältig mit den Spendengeldern umgehen und sie für die Beseitigung von Armut und Elend in der Dritten Welt einsetzen. Offenbar finanzieren Sie inzwischen lieber grün-alternative Gefälligkeitsstudien. Bitte streichen Sie mich aus Ihrer Spenderkartei!"

Neben positiven Reaktionen erhalten wir auch eine ganze Reihe solcher Briefe als Reaktion auf die Studie „Zukunftsfähiges Deutschland". Misereor wurde gegründet, um die Armen der Dritten Welt solidarisch zu unterstützen. Das meinen auch die Kritiker unserer Beteiligung an dieser Studie. Sie werfen uns aber vor, daß eine Studie über den notwendigen ökologischen Umbau der Bundesrepublik erstens nicht die Aufgabe eines Werkes wie Misereor sei und zweitens auch gar keine Hilfe für die Armen der Dritten Welt darstelle. Ich nehme diese Debatte zum Anlaß, um am Beispiel von Misereor darüber nachzudenken, was denn heutzutage eine Organisation tun sollte, die sich den Armen der Dritten Welt solidarisch verpflichtet fühlt. Dabei bleibe ich bei dem Begriff „Dritte Welt" als dem Fachbegriff für die Interessen der Armen auf globaler Ebene.

Direkte Hilfe

Da ist zunächst und unverzichtbar die direkte Hilfe. Die Armen leiden jetzt, sie schließen sich jetzt zusammen, um gegen ihre Armut anzugehen. Dazu brauchen sie jetzt unsere Unterstützung – unmittelbar meist in der Form von Geldmitteln. Gegenüber einer gerade bei politisch Engagierten verbreiteten Skepsis möchte ich die Bedeutung der finanziellen Unterstützung betonen. Die verächtliche Formulierung von der angeblichen Gewissensberuhigung durch Spenden verdeckt die Tatsache, daß es sich dabei um eine ernsthafte und vollgültige Form der Solidaritätswahrnehmung handelt. Es kommt natürlich darauf an, was mit dem Geld gemacht wird: Daß es für die Bekämpfung der Ursachen von Armut eingesetzt wird, daß es keine neuen Abhängigkeiten erzeugt, sondern Selbsthilfe fördert, daß die Verantwortung für einen angemessenen Einsatz der Mittel möglichst weitgehend „vor Ort" übernommen wird usw. So eingesetzt sind Spenden ein sehr effektives Mittel, um Solidarität wahrzunehmen.

Strukturreform

Bei der direkten Unterstützung der Armen zeigt sich, daß deren Selbsthilfebemühungen sehr schnell an Grenzen stoßen, weil die Handlungsspielräume eng begrenzt sind. Das ungenutzte Land, das sie bearbeiten könnten, gehört irgendwelchen Großgrundbesitzern. Diese lassen ihren zweifelhaft erworbenen Besitz von bewaffneten Banden verteidigen. Arme, denen Gewalt angetan wurde, finden keinen rechtlichen Schutz, weil Anwälte zu teuer sind und das Rechtssystem, wie die gesamte Verwaltung, korrupt ist. Viele Länder der Dritten Welt sind durch koloniale Ausbeutung strukturell geschädigt und in internationale Ungleichheitsstrukturen eingebunden, die sie fortwährend benachteiligen. Den Eliten dieser Länder fehlt oftmals jedes Gemeinsinnsgefühl; sie sind einzig auf die eigene Bereicherung bedacht. Ich könnte noch viele weitere Faktoren aufzählen, die alle in die gleiche Richtung weisen: Angesichts der blockierenden Rahmenbedingungen ist es unglaublich schwierig für die Armen, die ihnen auferlegte Armut zu überwinden. Was kann unsere Solidarität gegen diese strukturellen Blockaden tun? Wiederum kann mit Geld einiges erreicht werden. So ist es sinnvoll, Programme zur Rechtshilfe für die Armen zu unterstützen. Oder den Aufbau von sozialen Bewegungen zu fördern, die sich beispielsweise für eine Agrarreform einsetzen. Hier ist oftmals zusätzlich ein unmittelbar politisches Engagement gefordert: Zum Beispiel die Unterstützung von Anliegen sozialer Bewegungen durch Anzeigen in dortigen Tageszeitungen, Schreiben an Politiker dort wie bei uns. Das Einwirken auf die *hiesige* Politik spielt dabei eine zunehmend wichtige Rolle: Es sind PolitikerInnen unseres Landes, die über eine Benachteiligung von Dritte-Welt-Exporten auf unseren Märkten entscheiden, die die erdrückende Bürde grauenhafter Verschuldungsberge reduzieren, die Druck auf undemokratische, menschenrechtsverletzende Regime ausüben können usw. Das „Lobbying" für die Interessen der Armen der Dritten Welt ist ein sehr wichtiges Aktionsfeld der Solidarität geworden.

Ein Erfolg auf diesem Gebiet bewirkt oftmals mehr zugunsten der Armen als Hunderte von kleinen Projekten, die alle an widrigen Rahmenbedingungen ihre Grenze finden. Schon 1958, in der Misereor-Gründungsrede, hat Kardinal Frings diesen Sachverhalt pointiert klargestellt. Dort heißt es: „Die Rentenreform 1957 hat mehr Menschen wirtschaftlich geholfen als alle Elisabethen- und Vinzenzvereine zusammengenommen." Insofern ist die Ebene der strukturellen Veränderungen die entscheidendere Ebene. Aber auch sie ist nicht einfach das Ei des Kolumbus in der Solidaritätsarbeit. Es ist nämlich immer möglich, daß eine soziale Bewegung ihr Anliegen einer Landreform nicht durchsetzt, daß Gewerkschaften verboten und ihre Mitglieder verfolgt werden usw. Wenn ein Erfolg eintritt, ist der Nutzen für die Armen sehr hoch, aber das Risiko, nicht erfolgreich zu sein und trotz großen Einsatzes praktisch nichts in Händen zu halten, ist ebenfalls sehr groß. Auch von diesen Überlegungen her legt es sich nahe, immer beides zu tun: direkte, unmittelbare Unterstützung der Armen und Förderung von Aktivitäten, die auf Strukturveränderungen zielen.

Nachhaltigkeit/Zukunftsfähigkeit

Was unsere Verstrickungen in die Benachteiligung der Dritten Welt angeht, ist inzwischen noch eine weitere, umfassende Herausforderung entstanden, die gewissermaßen aus der Zukunft kommt. Es ist dies die ökologische Herausforderung, die Einsicht in die Grenzen des Wachstums und die damit gegebene Gefahr einer Übernutzung und damit Zerstörung der überlebensnotwendigen Natur-Ressourcen.

Aus der Perspektive der Armen erscheint dies zunächst wie ein fremdes Problem, wie eine Angelegenheit der reichen Länder des Nordens. Doch – fast möchte ich sagen: leider – ist dem nicht so. Denn die jetzt schon stattfindende Überlastung der Natur durch die reichen Nationen wird katastrophale Konsequenzen vor allem für die Dritte Welt heraufbeschwören. Wenn aufgrund des Treibhauseffektes der Meeresspiegel ansteigt, kann ein Land wie die Niederlande dem durch technische Mittel (Erhöhung der Deiche) entgegenwirken; ein armes Land wie Bangladesh besitzt diese Möglichkeiten nicht. Auch andere mit der Erwärmung der Erdatmosphäre verbundenen Negativeffekte treffen vor allem die Dritte Welt. So haben verschiedenste Untersuchungen gezeigt, daß diese Länder durch Dürren, Anstieg des Meeresspiegels, vermehrte Sturmfluten und Orkane besonders hart betroffen sein werden. Es entsteht eine paradoxe Situation: Diejenigen, die am wenigsten zur Entstehung des menschengemachten Treibhauseffektes beigetragen haben, werden am meisten unter dessen Folgen zu leiden haben. Die Studie „Zukunftsfähiges Deutschland" resümiert: „Was der Norden verursacht, zeitigt Folgen vor allem im Süden, ohne daß dieser wirksame Möglichkeiten zur Gegenwehr hätte."

Damit zeigt auch der Blick in die Zukunft ein Bild, das aus Vergangenheit und Gegenwart wohlvertraut ist: Das Zusammenspiel zwischen Norden und Süden ist so strukturiert, daß der Norden profitiert und der Süden zuzahlt. Daraus folgt: Der ökologische Umbau unserer Gesellschaft ist etwas, das wir den Armen der Dritten Welt schuldig sind.

Die Argumentationsstruktur der Studie

Eine der zentralen, erkenntnisleitenden Fragestellungen der Studie lautet: Wie lassen sich menschenwürdige Lebensbedingungen für alle

schaffen, ohne dabei die Tragfähigkeit der Ökosysteme zu überlasten und soziale Verwerfungen zu verursachen? Die Studie orientiert sich an den Ansätzen der Brundtland-Kommission und der Konferenz von Rio. Sie übernimmt deren Verständnis von Nachhaltigkeit als einer Entwicklung, die die Bedürfnisse der heutigen Generation befriedigt, ohne die Möglichkeiten zukünftiger Generationen zu gefährden, ihre eigenen Bedürfnisse zu befriedigen. Dies ist ein normatives Konzept. Es enthält zwei folgenreiche Werturteile. Wer sie nicht teilt, wird bezüglich der Nachhaltigkeit zu anderen Ergebnissen kommen. Die beiden Werturteile lauten:
- Jeder heute lebende Mensch hat das prinzipiell gleiche Recht auf ein menschenwürdiges Leben, eine intakte Umwelt und das gleiche Recht, die Gemeinschaftsgüter der Menschheit (Atmosphäre, internationale Gewässer, Artenvielfalt) zu nutzen.
- Zukünftige Generationen sollen die gleichen Lebenschancen haben.

Die Studie bilanziert zunächst den deutschen Umweltverbrauch, und sie untersucht die Auswirkungen unserer Wirtschafts- und Lebensweise auf die Länder des Südens. Dabei ergibt sich – wenig überraschend –, daß wir unser Umweltkonto kraß überzogen haben, sowohl hinsichtlich der Stoffe, die wir der Umwelt entnommen haben, hinsichtlich des Energieverbrauchs und der Flächennutzung wie auch hinsichtlich der Schadstoffe, die wir an die Umwelt abgegeben haben, wie beispielsweise CO_2, Schwefeldioxyd, Stickoxyde, Ammanik u.a. Wie die meisten anderen Industriestaaten auch haben wir die Weltmeere überproportional genutzt und überproportional verschmutzt. Die Länder des Südens tragen als Rohstofflieferanten einen Großteil der ökologischen und sozialen Kosten unserer Importe.

Aufgrund der quantitativen Bilanz des deutschen Umweltverbrauchs (einschließlich der Wirkung auf Entwicklungsländer) und unter Berücksichtigung des Ziels der Verteilungsgerechtigkeit hinsichtlich der globalen Menschheitsgüter formuliert die Studie Reduktionsziele, die vorsorgeorientiert und auf Risikoverminderung angelegt sind. Diese Ziele besagen, daß sowohl hinsichtlich der Ressourcenentnahme wie der Abgabe gefährlicher Stoffe die Mengen in Deutschland bis zum Jahre 2010 um etwa 30 % und bis zum Jahre 2050 um den Faktor 8 bis 10 vermindert werden müssen. Grosso modo dürften diese Werte auch für andere Industriestaaten zutreffen. Diese Ziele erscheinen kühn, werden jedoch für erreichbar gehalten, sofern der politische und gesellschaftliche Wille besteht, sie erreichen zu wollen. Erforderlich sind intelligentere und wirkungsvollere Technologien sowie veränderte Lebensstile.

Die Autoren der Studie halten die Überzeugungs- und Motivationskraft der stofflich-quantitativen Argumente und Zahlen für begrenzt. Deshalb wollten sie unbedingt etwas zur sozialen, qualitativen Gestalt einer zukunftsfähigen, nachhaltig wirtschaftenden und lebenden Gesellschaft sagen. Sie tun das in der Form von Leitbildern, mit denen sie qualitative Zielvorstellungen und Gestaltungsentwürfe entwickeln, die Menschen an ihrem Lebensort und in ihren Funktionen ansprechen. Sie richten sich an Akteure in unterschiedlichen sozialen Feldern, also an Erwerbstätige, Verbraucher, öffentliche Versorger, Städter, Landbewohner, Politiker. Die Leitbilder bauen auf Ideen und Initiativen auf, die umwelt- und nord-süd-bewußte Menschen über die Jahre hin vorgeschlagen, diskutiert und ausprobiert haben. Leitmotiv aller Leitbilder ist: Die Wachstumsgrenzen nicht als Ende der Geschichte, sondern als Gewinn neuer Gestaltungsräume erkennen; dem Fortschritt eine neue Richtung geben. Insgesamt werden acht Leitbilder vorgestellt.

Folgende Stichworte scheinen mir die großen Linien der Studie in den entscheidenden Punkten wiederzugeben:
1. Das eigene Haus in Ordnung bringen.
2. Die Materialverbräuche deutlich absenken, weniger Flächen belegen und die Abgabe gefährlicher Stoffe an die Umwelt reduzieren.
3. Verstärkt in natürlichen Kreisläufen denken und wirtschaften.
4. Von Großstrukturen Abstand nehmen, stärker dezentralisieren und regionalisieren.
5. Mit anderen Ländern fair umgehen und die Auswirkungen des ökosozialen Wandels bei uns auf die armen Länder des Südens berücksichtigen und ausgleichen.

Die Interessen der Armen in die Zukunftsdebatte einbringen

Bedeuten diese Einsichten, daß Solidarität mit den Armen der Dritten Welt heutzutage wesentlich darin besteht, für einen ökologischen Umbau unserer Gesellschaft einzutreten? Sind Car-sharing, Mülltrennung und der Einsatz für eine ökologische Steuerreform die heute geforderten Praxisformen von Dritte-Welt-Solidarität? Ich meine, daß wir hier aufpassen müssen, nicht in Kurzschlüsse zu verfallen. Die Solidaritätsarbeit hat auch weiterhin einen spezifischen Auftrag.

Das umfassende, langfristig angelegte Projekt eines ökologischen Umbaus der Bundesrepublik steht ohnehin an, denn inzwischen ist es ein Konsens – zwischen Politikern aller Parteien, Wirtschaftsfachleuten, Technikexperten usw. –, daß ein pures Weitermachen über kurz oder lang in die ökologische Katastrophe führt. Dabei sind Umfang und genauer Inhalt der anstehenden Veränderungen heftig umstritten. In den kommenden Jahren und vermutlich sogar Jahrzehnten wird die Vermittlung von Ökonomie und Ökologie Kernpunkt wirtschaftspolitischen Handelns sein. *Unser* Anliegen besteht nun darin, in diese Debatte um die Weichenstellungen für die Zukunft von Anfang an die Interessen der Armen der Dritten Welt einzubringen. Denn so klar es ist, daß erst eine deutliche Reduktion des Umweltverbrauchs durch die Industrienationen den Dritte-Welt-Ländern überhaupt die ökologischen Spielräume für eine zukunftsfähige Entwicklung eröffnet, so schwierig ist es, auf dem Weg zu diesem Ziel eine permanente Benachteiligung der Dritten Welt zu vermeiden. So würde etwa eine ökologische Steuerreform langfristig vermutlich vorteilhaft für die Dritte Welt sein (Abbremsung des Treibhauseffektes usw.), aktuell würde sie aber eher zu Benachteiligungen führen: Der Norden würde weniger Rohstoffe kaufen (deren Preise dadurch noch stärker verfielen), und er könnte zugleich jene Spartechnologien entwickeln, mit denen seine führende Position auf den Weltmärkten ausgebaut werden kann. Die Armen der Dritten Welt müssen demnach zumindest an den Einnahmen aus den Ökosteuern beteiligt werden. Dies ist nur ein Beispiel von vielen, die zeigen, daß eine ökologische Modernisierung des Nordens einen weiteren Kapitaltransfer von Süden nach Norden implizieren könnte, was zum wiederholten Male den Norden stärken und den Süden schwächen würde.

Es ist eine schwierige Herausforderung, vor der die Dritte-Welt-Solidarität steht: Einerseits gilt es, um der Ermöglichung eines gemeinsamen Überlebens aller willen, für einen ökologischen Umbau der Industriegesellschaften einzutreten, andererseits ist es dringend erforderlich, bei den anstehenden Maßnahmen die Interessen der Armen der Dritten Welt energisch zur Sprache zu bringen und dafür zu kämpfen, daß nicht sie es sind, die für die Korrektur von Entwicklungen zahlen müssen, die wir im Norden zu verantworten haben. Denn das ist klar: Wir wollen keine Zukunftsfähigkeit für Deutschland, die auf Kosten der Dritten Welt geht. Wir wollen vielmehr eine ökologische Reform unseres Landes, die auch die Zukunftschancen für die Armen der Dritten Welt verbessert. Von unseren Partnern in der Dritten Welt sind wir übrigens nicht nur ermutigt, sondern auch gedrängt worden, in diese Thematik einzusteigen. Der Titel der Studie führt dabei leicht in die Irre: Es geht gerade nicht allein um Deutschland, sondern es geht um einen Blick auf Deutschland in der Perspektive globaler Gerechtigkeit.

Die deutsche Asyldebatte

Ab dem Jahr 1991 wurde Norbert Herkenrath zunehmend zu Vorträgen eingeladen, in denen es um die Flüchtlings- und Migrationsproblematik ging. Der Kontext war die stärker werdende Asyldebatte in Deutschland, die heftig und emotional geführt wurde. Dies zeigte sich in den Titeln der Veranstaltungen, die mit Bedrohungsszenarien arbeiteten und z.b. „Die neue Völkerwanderung" hießen. Herkenrath sah es als Aufgabe von Misereor an, nicht allein den Fremden in der Ferne zu helfen, sondern ebenso die Bedürfnisse der als Asylbewerber in unser Land kommenden Menschen ernstzunehmen und gegen Tendenzen zur Fremdenfeindlichkeit energisch zu verteidigen. Im Jahr 1994 stellte das Werk seine Fastenaktion unter das biblische Thema „Liebe die Fremden wie dich selbst".

10. Abschotten ist keine Lösung

Flucht, Migration und die deutsche Asyldiskussion (1992)

Der folgende Text war Grundlage verschiedener Vorträge im Kontext der Asyldebatte. Seine Argumentation führte öfters zu heftigen Debatten, denn auch in kirchlichen Kreisen gab es eine zunehmende Bereitschaft, restriktiver gegen die Fremden vorzugehen, gewann die Angst vor den imaginierten Massen an Einwanderern Raum.

Zur aktuellen Debatte

Änderung des Artikel 16, Absatz 2, Grundgesetz – ja oder nein, das war das Thema der Pro- und Contra-Sendung der ARD am 17. September 1992. Knapp 25 % der rund 32.000 Anrufer zum Schluß der Sendung waren gegen eine Änderung des Artikels, 75 % waren dafür.

Ich bekenne mich zu der Minderheit der Gegner einer Änderung des Artikels 16, Satz 2, in dem es kurz und deutlich heißt: Politisch Verfolgte genießen Asylrecht. Ich bekenne mich deshalb zu dieser Minderheitenmeinung, weil ich davon überzeugt bin, daß eine Änderung von Artikel 16, Satz 2, unseres Grundgesetzes keine Lösung der uns zur Zeit bewegenden Flüchtlingsproblematik mit sich bringt, wohl aber eine wesentliche Verschlechterung der Rechtsposition derer, die ein Anrecht auf Asyl haben. Und gegen eine Beibehaltung dieses Rechts auf Asyl für politisch Verfolgte argumentiert letztendlich keiner. Es ist verwirrend, daß sich einerseits eine deutliche Mehrheit unserer Bevölkerung und auch unserer Politiker für eine Beibehaltung des Asylrechtes für politische Verfolgte ausspricht, andererseits aber eine ebenso deutliche Mehrheit eine Schwächung der Rechtsposition dieser politisch Verfolgten befürwortet.

Meines Erachtens ist diese Verwirrung durch die in den letzten Monaten sehr unqualifiziert geführte Diskussion um das Asylrecht mit verursacht worden. Auch die sich häufenden und vielfach widersprechenden Äußerungen von Politikern haben eher dazu beigetragen, die Gemüter anzuheizen, statt den Sachverhalt zu klären. Ich hoffe, daß die folgenden Ausführungen zur Versachlichung beitragen.

Migration ist nichts Neues

Es hat immer schon Wanderungen zwischen den Völkern gegeben.
- Zwischen 1500 und 1960 haben rund 60 Millionen europäische Armutsflüchtlinge der „alten Welt" den Rücken gekehrt.
- Massenarbeitslosigkeit, Hunger und soziales Elend waren die Gründe, warum von 1846 bis 1855 1,1 Millionen Deutsche auswanderten. Ihr bevorzugtes Ziel war Amerika.
- Wenn jedes Jahr am 17. März in New York die St. Patrick's Parade stattfindet, dann nur deshalb, weil hunderttausende Iren im 19. Jahrhundert ihre Insel auf den sogenannten „coffin ships", also „schwimmenden Särgen", verlassen mußten, um dem Hunger und der Unterdrückung durch eine britische Oberschicht zu entfliehen.
- In Brasilien gibt es rund 25 deutsch-stämmige Bischöfe in der katholischen Bischofskonferenz. Ihre Vorfahren sind Mitte des vergangenen Jahrhunderts als Opfer der Modernisierung und Industrialisierung aus verarmenden ländlichen Gebieten Deutschlands aus-

gewandert. Den Arns und Lorscheiters hört man heute noch den Hunsrück-Dialekt an.
- Zwölf Millionen Vertriebene drängten nach dem Zweiten Weltkrieg in den Westen Deutschlands. Wir haben sie weitgehend in unsere Gesellschaft integriert. Nicht zuletzt hat der Lastenausgleich dazu beigetragen, der 132 Milliarden DM in unserer Gesellschaft umverteilte.

Von der Auswanderung zur Einwanderung

Jahrhundertelang war Europa der Kontinent der Auswanderung. Polen und Iren, Engländer und Franzosen, Italiener und Deutsche wanderten in großer Zahl aus nach Nordamerika, Südamerika und Australien. Das Blatt hat sich gewendet. Wirtschaftlicher Aufschwung gepaart mit politischer Stabilität zieht Arbeitskräfte an, die bei schwindenden Geburtenzahlen, insbesondere in Deutschland, aber auch in Frankreich und anderswo, nicht mehr aus der eigenen Bevölkerung gewonnen werden können. So werden diese Länder immer mehr zu Einwanderungsländern, vorneweg die Bundesrepublik Deutschland. Zwischen 1961 und 1981 stieg die Zahl der Ausländer in der Bundesrepublik von 686.000 auf 4.630.000. In den 70er Jahren haben rund 2 Millionen ausländische Arbeitnehmer unseren Wohlstand mitgeschaffen. Die Gastarbeiter haben aber wenig Dank dafür zu spüren bekommen. Sie wurden von der in den 80er Jahren aufkommenden Arbeitslosigkeit besonders betroffen. 1985 war die Zahl der ausländischen Arbeitnehmer um fast 500.000 auf 1,58 Millionen gesunken.

Die Zahl der Flüchtlinge wächst weltweit

Politische Instabilität, ethnische, religiöse, soziale Konflikte und Kriege, gewaltige gesellschaftliche Umbrüche sowie katastrophale wirtschaftliche Bedingungen treiben zahllose Menschen aus Südamerika, Afrika und Asien, aber auch in wachsendem Maße aus Osteuropa nach Europa und Nordamerika. Ihre Zahl wird steigen, solange Bedrängnis und Not bleiben, denn unsere Welt wächst weiter zusammen.

Flucht und Migration – Antwortperspektiven

– *Keine Panikmache!* Das Boot ist keineswegs voll! Untersuchungen von wirtschaftlichen Forschungsinstituten (z.b. des Rheinisch-Westfälischen Instituts für Wirtschaftsforschung, RWI, in Essen) zeigen, daß Deutschland bei Anrechnung der hohen Kosten, die die Zuwanderung verursacht, trotzdem netto durch die Arbeitsleistung der Ausländer weit mehr verdient hat. Auch die Arbeitslosigkeit wurde durch die Zuwanderer nicht erhöht, sondern sie brachte per Saldo mehr neue Arbeitsplätze als alte verlorengingen. Angesichts dieser und anderer seriöser wissenschaftlicher Untersuchungen ist es unverantwortlich, ja geradezu skandalös, wenn – auch von Politikern – die Angst geschürt wird, die Zuwanderer würden nur kommen, um mit unserem Geld ein angenehmeres Leben zu führen.

– *Sprache überprüfen:* Das Wort „Asylant" weckt negative Assoziationen vor allem, wenn sprachliche Formulierungen hinzutreten, die Bedrohungsvorstellungen wecken: Asylantenflut, sozialer Sprengstoff, Flüchtlingsschwemme. Wenn wir von „Überfremdung" reden oder davon, daß die Ausländer uns unseren Wohnraum nehmen, entspricht das keineswegs den Tatsachen. 35 qm hat der durchschnittliche Westdeutsche zur Verfügung. 4,5 qm stehen einem Asylbewerber zu. Und Einwanderer, die bei uns leidlich etabliert sind, tragen das ihre zur Behebung des Wohnungsmangels bei: Schon 135.000 Türken haben einen Bausparvertrag in Deutschland abgeschlossen.

– *Bekämpfung der Fluchtursachen.* Das ist sicher leichter gesagt als getan. Und es ist nur global, weltweit und nicht national zu leisten. Fluchtursachen – das sind oft lokale Kriege wie jetzt wieder in Jugoslawien. Hier gilt es, die Instrumente der UN so auszubauen, daß sie wirksamer solche nationalen Konflikte befrieden können. Fluchtursachen sind ferner vor allem Hunger und Elend. Hier gilt es, das derzeitige Weltwirtschaftssystem, die Handelsbeziehungen, die Rohstoffpreise so zu gestalten, daß sie den Armen mehr Chancen zu einem Leben in ihrer Heimat gewähren. Die Herausforderung ist sicher groß, aber der Golfkrieg hat bewiesen, daß wir kurzfristig riesige Ressourcen auf ein Ziel hin mobilisieren können, wenn der politische Wille dafür vorhanden ist. Die Frage stellt sich z.B., warum es noch nicht gelungen ist, den UN-Beschluß, daß die Industrienationen 0,7 % ihres Bruttosozialproduktes für Entwicklungszusammenarbeit verfügbar machen, in die Tat umzusetzen.

Vorbeugende Maßnahmen gegen weltweite und massenhafte Flucht werden nur dann wirksam sein können, wenn es gelingt, die Hauptursachen für die Flucht zu bekämpfen. Und da Kriege immer wieder Fluchtbewegungen auslösen, wäre vor allem eine wirksamere internationale Friedenspolitik gefragt und insbesondere eine spürbare Eindämmung von Waffenexporten. Erforderlich wäre sodann der Kampf gegen den Protektionismus der Industrieländer sowie eine Entschuldung der ärmsten Länder.

Anders leben
– Vor allem aber ist eines erforderlich – die Überprüfung unserer Lebensweise. Es ist höchste Zeit, unser Wohlstandsniveau zu hinterfragen und einen universal praktizierbaren Lebensstil zu entwickeln. Denn unser westlicher Rohstoff- und Energieverbrauch, übertragen auf die gesamte Weltbevölkerung, würde die Erde innerhalb einer Generation zu einer ökologischen Katastrophe führen. Abschotten und die Habenichtse sich selbst überlassen, geht nicht mehr. Wir können es nicht länger verhindern, daß sich die Menschen in den armen Ländern, mit den täglichen Fernsehbildern unseres Wohlstandes vor Augen, mit ihrem Lebensstandard nicht mehr zufriedengeben. Es ist höchste Zeit, einen Wohlstands- und Fortschrittsbegriff, auch mit dem Einsatz aller wissenschaftlichen und technischen Möglichkeiten, zu entwickeln und bei uns vorzuleben, der für die ganze Welt Bestand haben könnte.

Einwanderungspolitik statt Abschottung
– Antoine de Saint-Exupéry schreibt in seinem Buch „Stadt in der Wüste": „Ich entsinne mich, was mit den 3.000 Flüchtlingen aus der Berberei geschah, als sie mein Vater in einem Lager nördlich der Stadt unterbrachte. Er wollte nicht, daß sie sich mit den unseren vermischten. Da er gütig war, speiste er sie und versah sie mit Stoffen, mit Zucker und Tee. Als Entgelt für seine großmütige Gabe verlangte er jedoch keine Arbeit von ihnen ... Wer hätte sie aber für glücklich halten können? ... Sieh nur, sagte mein Vater, sie werden zu Vieh und beginnen sachte zu faulen ... nicht in ihrem Fleisch, aber in ihren Herzen. Denn alles verlor für sie seinen Sinn." Exupéry beschreibt hier exakt das, was geschieht, wenn Flüchtlinge, Asylbewerber, Ausländer

abgegrenzt werden. Wenn wir auf das Faktum des Zusammenlebens von Menschen verschiedener Kulturen in unserer Gesellschaft mit Abgrenzung und Diskriminierung reagieren, legen wir einen Sprengsatz an unsere gesamte Gesellschaft: Ausländer, die erlebt werden als auf Kosten der Steuerzahler herumlungernde Schmarotzer, gedrängt ins Dreieck von psychischem Verfall, Kriminalität und Aggression, werden von der Bevölkerung als Bedrohung empfunden, mit der rechtsextreme Gruppierungen ihre Gewaltaktionen gegen die Fremden zu rechtfertigen versuchen. Daraus folgt: Wir brauchen eine klug gesteuerte Einwanderungspolitik. Eine großzügige Aufnahme verfolgter Flüchtlinge und die Aufnahme enger Familienangehöriger von hier lebenden Ausländern ist durchaus möglich.

Gottes Volk kennt keine Fremden

„Der Fremde, der sich bei euch aufhält, soll euch wie ein Einheimischer gelten, und du sollst ihn lieben wie dich selbst; denn ihr selbst seid Fremde in Ägypten gewesen" (Lev. 19,34)

Dieses Wort aus dem Gesetz Moses stellt gleich zu Beginn der Geschichte des Volkes Israel klar: Gottes Volk kennt keine Fremden. Dabei schwingt die Erinnerung mit, daß der Stammvater des Volkes Israel, Abraham, sich aufmacht, um in der Fremde eine neue Heimat zu suchen. Und es steckt die Erinnerung darin, daß Joseph und seine Brüder in der Fremde eine neue Heimat fanden. Es ist eine konsequente Linie von dort bis zum Wort Christi: „Ich war fremd und obdachlos, und ihr habt mich aufgenommen. Was ihr einem der Geringsten meiner Brüder getan habt, das habt ihr mir getan". Im Fremden nehmen wir Christus auf! So wird uns der Fremde Bruder, die Fremde Schwester! Damit sind die Chancen des Weges zu einer multikulturellen Gesellschaft für uns Christen klar und eindeutig beschrieben! Wir sollten uns diesen Chancen zuwenden, statt Europa zur Festung auszubauen.

11. "Liebe die Fremden wie dich selbst" (Lev 19,34) – eine hoffnungslose Überforderung? (1994)

Am 7.3.1994 fand eine große Diskussionsveranstaltung in München statt, an der auch der bayrische Innenminister Günther Beckstein teilnahm. Gefragt wurde, ob der Anspruch der Fremdenliebe, wie ihn das Bibelzitat des Fastenaktions-Leitwortes formuliert, nicht „eine maßlose Meßlatte" sei. Norbert Herkenrath eröffnete die Diskussuion mit einigen grundlegenden Positionen zu der aktuellen Debatte.

Flüchtlinge und Fremde als Thema von Misereor

Die Aufgabe von Misereor könnte man beschreiben als eine Unterstützung für in Not geratene Fremde. Normalerweise sind dies vor allem die weit entfernt lebenden Fremden, die Armen in den Ländern der Dritten Welt. Diese unterstützen wir in ihren Bemühungen, ihre Armut zu überwinden. Hier in der Bundesrepublik Deutschland engagieren wir uns dafür, die Menschen für die Probleme und Schwierigkeiten der fernen Fremden zu sensibilisieren und mit ihnen zusammen auf eine Veränderung der politischen Rahmenbedingungen zugunsten der Armen der Welt zu drängen. Misereor hatte von Anfang an diesen Doppelauftrag: In der Dritten Welt zu helfen und hierzulande auf die Meinungen und Einstellungen der Menschen zugunsten der Dritten Welt einzuwirken. Kardinal Frings hat diese Aufgabe mit der anspruchsvollen Formulierung beschrieben, das Werk solle den Reichen und Mächtigen in unserem Land ins Gewissen reden. Dieser Auftrag führt uns unvermeidlich in Konflikte, weil er den Anspruch enthält, die Stimme der Benachteiligten und der An-den-Rand-Gedrängten hörbarer zu machen.

In diesem Jahr konzentrieren wir uns in regionaler Hinsicht auf Afrika und haben die Problematik von Flüchtlingen und Fremden, das Thema der Migration, zum Schwerpunktthema der Fastenaktion gemacht. Das bedeutet: Wir möchten unserer Öffentlichkeit die Situation der Flüchtlinge in Afrika näherbringen; wir möchten für sie um

Verständnis werben, wir möchten ihre Situation erklären – beispielsweise indem wir die vielfältigen Gründe für Migrationsprozesse genau analysieren und die unterschiedlichen Veränderungsstrategien darstellen (vgl. Arbeitsheft). Wir stellen konkrete Projekte vor, die Misereor unterstützt und lassen die Menschen von dort hier zu Wort kommen. Damit wollen wir auch um Spenden werben, die wir brauchen, um die Menschen dort in der Überwindung ihrer Notlagen unterstützen zu können.

Wir spielen die Hilfe für die Fremden in Afrika nicht gegen die Solidarität mit den Fremden in unserem eigenen Land aus. Wir sagen *nicht*: Wenn ihr weniger Fremde in der Bundesrepublik haben wollt, dann unterstützt Misereor, damit wir die Ursachen der Flucht bekämpfen können.

Eine solche Argumentation wäre unredlich: Unsere Motive zur Bekämpfung der Ursachen von Flucht gründen nicht auf einer *Ablehnung* der Fremden, sondern auf *Zuneigung* zu ihnen. Außerdem sind die Maßnahmen der Fluchtursachenbekämpfung meist sehr langfristig angelegt und helfen vor allem denjenigen Armen, die ohnehin nicht nach Europa fliehen können. Sie haben sich in der Regel gerade einmal in ein Flüchtlingslager ins Nachbarland retten können. Und schließlich gilt es zu sehen: Selbst wenn die Misereor-Mittel verzehnfacht würden, am Migrationsdruck auf die Industrieländer würde das sehr wenig ändern, denn dabei spielen noch viele andere Gründe eine Rolle.

Daraus folgt für uns: Wenn von Solidarität mit Flüchtlingen und Fremden geredet wird, dann ist damit einmal die Unterstützung von Flüchtlingen in der Dritten Welt und das Engagement zur Überwindung von Verhältnissen gemeint, die sie zur Flucht gezwungen haben. Wir meinen damit gleichermaßen aber auch eine Offenheit und Sympathie für die bei uns lebenden Fremden, für diejenigen Menschen, die in unserem Land Zuflucht suchen. Die in den letzten Jahren stärker gewordene fremdenfeindliche Stimmung in unserem Land erfüllt uns mit großer Sorge, und wir sehen es als unsere Aufgabe an, dieser Stimmung entgegenzutreten. Wir sehen das Engagement für die bei uns lebenden Fremden als – um den Titel unseres diesjährigen Werkheftes zu zitieren – „Prüfstein weltweiter Solidarität".

Zu der komplexen Problematik des Umgangs unserer Gesellschaft mit Fremden möchte ich auf zwei Aspekte hinweisen, die mir gegenwärtig besonders akut zu sein scheinen.

Wir sind längst eine multikulturelle Gesellschaft

Es stellt sich nicht die Frage, *ob* wir eine multikulturelle Gesellschaft werden wollen oder nicht, denn wir sind längst eine multikulturelle Gesellschaft.

Anmerkung zum Begriff: „Multikulturalität" meint weder einen alles vermengenden Einheitsbrei, noch ein beziehungsloses Nebeneinander. Ich verstehe den Begriff so, daß er gerade den anspruchsvollen Versuch bezeichnet, eine gesellschaftliche Gemeinsamkeit zu finden, ohne die Verschiedenheit der Beteiligten aufzuheben.

Im letzten Jahr hing am Römisch-Germanischen Museum in Köln ein großes Transparent der Kölner Museen mit folgender Aufschrift: „Unsere ersten Kölner kamen auch aus Ägypten, Algerien, Belgien, Bulgarien, England, Frankreich, Griechenland, Italien, ehem. Jugoslawien, Libanon, Niederlande, Österreich, Spanien, Türkei." Diese auf das Rheinland bezogene Feststellung gilt vermutlich in ähnlicher Weise auch für andere Regionen Deutschlands. Die Vermischung verschiedener Völker stand aber nicht nur am Anfang der Entwicklung unseres Landes, sondern begleitet es durch seine gesamte Geschichte. Vermutlich sind nur wenige andere Regionen der Erde so sehr gemischt in ihren Bevölkerungen, wie dies in Mitteleuropa der Fall ist. Und auch in jüngster Zeit gab es erhebliche Zuwanderungen, die die Multikulturalität nochmals vorangetrieben haben: So die großen Ströme der Ostflüchtlinge nach dem Zweiten Weltkrieg, die von vielen Einheimischen als Fremde empfunden wurden, und, deutlicher noch, die Zuwanderung der „Gastarbeiter", von denen die meisten inzwischen hier heimisch geworden sind. Es geht insofern nicht darum, *ob* wir die Fremden in unserem Land haben wollen, sondern *wie* wir mit ihnen umzugehen gedenken.

Überwindung eines völkisch-nationalistischen Selbstverständnisses

Es ist an der Zeit, auch in Deutschland von einem völkisch-nationalistischen Denken zu einem menschenrechtlich-republikanischen Denken überzugehen – wie es z.b. Dieter Oberndörfer jüngst in der „Zeit" gefordert hat. In einer offenen, demokratischen Gesellschaft ist es ein Anachronismus, die Mitgliedschaft in diesem Gemeinwesen an Kriterien des Blutes zu binden. Wir sind Produkt einer pulsierenden Geschichte, in der ständig Ausländer zu Inländern wurden und Inländer auswanderten. Die „Anderen" sind längst im „Wir" enthalten. Das Eigene ist immer schon ein Gemischtes. Deshalb macht es überhaupt keinen Sinn, das eigene Volk von anderen Menschen kategorisch abzugrenzen. Im menschenrechtlich-staatsbürgerlichen Denken kann Deutscher werden, wer in diesem Gemeinwesen leben möchte und bereit ist, die Grundlagen dieses Gemeinwesens, wie sie in der Verfassung niedergelegt sind, anzuerkennen. Deutscher oder Deutsche zu sein bestimmt sich dann nicht durch Blutsverwandtschaft, sondern durch die aktive Zustimmung zu den diese Gesellschaft tragenden Werten. Professor Oberndörfer hat daraus die deutliche Forderung abgeleitet: „Es ist an der Zeit, daß Deutschland Abschied nimmt vom Wahn der Volksgemeinschaft. ... Wenn völkischer Nationalismus keine Zukunft haben darf, dann gerade in Deutschland, das für die 'ethnischen' Säuberungen der Gegenwart eine schauerliche Vorreiterrolle gespielt hat." (Die Zeit, 4.2.94, S.7).

Die Überwindung des völkisch-nationalistischen Denkens ist gerade für ein Werk wie Misereor von Bedeutung, weil unser Anliegen die Solidarität mit den fernen Fremden ist. Dieses Anliegen braucht eine Mentalität, die auch in diesen fernen Fremden den Nächsten zu erkennen vermag, denjenigen, der das gleiche menschliche Antlitz trägt. Wenn es nicht mehr gelingen sollte, das Verantwortlichkeitsempfinden für die bei uns lebenden Fremden zu mobilisieren, dann dürfte es langfristig noch viel schlechter um das Verantwortlichkeitsempfinden für die schwachen Fremden in der Dritten Welt bestellt sein. Denn diese leben ja nicht einmal in unserer Nähe. Es ist ein Trugschluß zu glauben, daß diejenigen, die die Fremden hier ablehnen, sie in ihrer Heimat zu unterstützen bereit wären. Wer die Fremden hier ablehnt, interessiert sich in Wirklichkeit auch nicht für deren Nöte in der Ferne. Und wer die Leiden der Armen in der Dritten Welt an sich herankommen läßt, der fühlt sich auch den Fremden in unserem Land verbunden. Das Gefühl und die Einstellung gegenüber den Armen der Dritten Welt und den Fremden in unserem Land gehören zusammen und sind wechselseitig voneinander abhängig. Das ist der Grund, warum ein Hilfswerk für die Dritte Welt, wie es Misereor ist, sich in solche „innenpolitischen" Fragen wie Asyl, Einwanderung, Einbürgerung usw. einmischt.

Das Leid der ganzen Welt schultern?

Im Titel ist die Frage gestellt, ob das Gebot „Liebe die Fremden wie Dich selbst" nicht eine hoffnungslose *Überforderung* der Menschen darstellt. Muß man nicht sagen: Dies ist ja ein schönes Gebot und sicher auch eine moralische Zielperspektive, aber in der Realität sind die Menschen nun einmal nicht so konstruiert. Es ist einfach absurd zu fordern, alle Menschen zu lieben.

Und in der Tat, eine solche Forderung wäre absurd. Dies ist aber auch gar nicht gemeint. Jeder Mensch hat Grenzen seiner Annahmefähigkeit, und niemand kann sich um alles kümmern. Angesichts einer von Leid und Not derart durchsetzten Welt, wie es die unsere nun einmal ist, kommt niemand darum herum auszuwählen, Prioritäten zu setzen, Grenzen dessen zu formulieren, was er oder sie leisten kann. Das ist völlig unbestritten. Was aber umstritten ist, sind die *Kriterien*, nach denen die Grenzen gezogen werden. Oftmals wird ohne weiteres Nachdenken einzig das Kriterium der *Nähe* angewendet: Jeder soll sich um sich selbst kümmern, dann um seine Familie, dann seine Freunde und Bekannten. Je nachdem ist er damit voll ausgelastet und die Fremden in unserer Gesellschaft, und mehr noch die Fremden, die in der Dritten Welt leben, fallen leider heraus. Aber das Kriterium der Nähe darf nicht das letzte Wort sein! Es gibt noch andere Kriterien, zum Beispiel das der eigenen *Betroffenheit*. Oftmals fühlen sich Menschen etwa durch einen Fernsehbericht über das katastrophale Elend in der Dritten Welt herausgefordert, etwas zu tun. Oder Menschen erleben, wie schlecht es Flüchtlingen in unserer Gesellschaft geht und entschließen sich zu einer Unterstützung. Ein weiteres Kriterium ist das der *Bedürftigkeit*. Es gibt Menschen, die unsere Solidarität so dringend brauchen, daß sie sterben, wenn sie sie nicht bekommen. Die Rettung eines bedrohten Lebens ist absolut vordringlich, ob wir den betreffenden Menschen nun persönlich kennen oder nicht. In der Dritten Welt gibt es viele Menschen, die an dieser untersten Armutsgrenze dahinvegetieren und dringend der Hilfe bedürfen. Und auch viele der Menschen, die in unserem Land Zuflucht suchen, versuchen damit, einer massiven Bedrohung ihres Lebens zu entkommen. Also: Auswahl ja, aber nicht so, daß die Flüchtlinge und Fremden dabei aussortiert werden.

Die Obergrenzen der Zuwanderung liegen höher als allgemein angenommen

Diese Fragen stellen sich auch auf der politischen Ebene: Nach welchen Kriterien werden Grenzen gezogen? Auch hier bestreitet niemand, daß es Obergrenzen in der Zuwanderung für ein Gemeinwesen gibt, die nicht überschritten werden dürfen, wenn die betreffende Gesellschaft nicht als ganze in eine schwerwiegende Krise geraten soll. Niemand fordert, daß unser Land alle Menschen der Erde einladen soll, hierher zu kommen. Vielmehr stellt sich auch hier die Frage, wo diese gesellschaftlichen Belastungsgrenzen konkret liegen und nach welchen Kriterien entschieden wird. Und hier spielt es dann eine entscheidende Rolle, ob völkisch-nationalistisch oder menschenrechtlich-republikanisch gedacht wird. Ohne auf diese komplexe Problematik näher eingehen zu können, möchte ich lediglich noch auf eine Erfahrung hinweisen, die Erfahrung nämlich, daß die Belastungsgrenzen einer Gesellschaft normalerweise höher liegen, als gemeinhin angenommen wird. Hier spielen der politische Wille und die Prozesse öffentlicher Meinungsbildung eine große Rolle. Bei der Integration der Ostflüchtlinge nach dem Zweiten Weltkrieg gab es einen großen Unmut in der westdeutschen Bevölkerung. Aber die Politik und die großen gesellschaftlichen Institutionen haben diesem Unmut nicht nachgegeben, sondern massiv gegengehalten, die Menschen zu überzeugen versucht und so schließlich die Integration ermöglicht. Ein kleines Detail, da wir hier in München sind: 1939 gab es in Bayern noch 1424 Gemeinden, die konfessionell völlig homogen waren, 1950 keine einzige mehr.[1]

---

(1) Daniel Cohn-Bendit/Thomas Schmid, Heimat Babylon.
Das Wagnis der multikulturellen Demokratie, Hamburg 1993

In jedem Fremden kann uns Christus begegnen

Lassen Sie mich abschließend ein paar Worte zur Aufgabe der Kirchen in diesem Zusammenhang anfügen. Die Formulierung „Liebe die Fremden wie Dich selbst" stammt aus dem Alten Testament und liegt ganz auf der Linie der Interpretation des Gebotes der Nächstenliebe, wie Christus sie in der Bergpredigt vornimmt. Ich habe eben schon etwas dazu gesagt, wie man dieses Gebot zu verstehen hat und in welchem Sinne man sagen kann, daß dies eine Anforderung darstellt, welche die Menschen nicht überfordert. In einer christlichen Sichtweise kommt aber noch etwas hinzu. Es gibt einen Maßstab, den Jesus selbst uns mitgegeben hat, und der ist in der sogenannten Gerichtsrede formuliert. Zu denen, die im Letzten Gericht von Gott anerkannt werden, sagt Christus: „Ich war hungrig und ihr habt mir zu essen gegeben, ich war durstig, und ihr habt mir zu trinken gereicht, ich war *fremd*, und ihr habt mich aufgenommen, nackt, und ihr habt mich bekleidet, ich war krank, und ihr habt mich besucht, ich war im Gefängnis, und ihr seid zu mir gekommen" (Mt 25,35 f). Sie kennen alle den berühmten Satz, in den diese Rede mündet: „Was immer ihr einem dieser meiner geringsten Brüder getan habt, das habt ihr mir getan". Der christliche Zugang zur Wirklichkeit besteht wesentlich darin, in den Armen und Fremden Christus selbst zu erkennen. Als Christ kann man es sich eher leisten, einen Reichen oder Bekannten als einen Armen oder Fremden abzuweisen. Mit großem Nachdruck weist uns das Evangelium darauf hin, *daß wir in jedem Fremden, den wir abweisen, möglicherweise Christus selbst abweisen.* Daraus folgt m.E. die Aufgabe der Kirchen und Gemeinden, zu Anwälten der Flüchtlinge und Fremden in unserem Land zu werden und es nicht zuzulassen, daß die soziale Krise unserer Gesellschaft auf Kosten der Armen und Schwachen zu lösen versucht wird.

12. Was Afrika wirklich braucht
Ein Plädoyer gegen den Afrika-Pessimismus (1994)

Erstmals hielt Norbert Herkenrath das folgende Plädoyer für einen anderen Umgang mit Afrika bei einer Veranstaltung im Bonifatiushaus in Fulda am 29.11.1994. Er wiederholte es im Laufe des Jahres 1995 an verschiedenen Stellen, da es die Stoßrichtung der Misereor-Aktion von 1995 in nuce enthält: Das in unserer Gesellschaft vorherrschende Bild von Afrika bedarf dringend grundlegender Korrekturen.

Afrika-Pessimismus: was ist damit gemeint?

Unser aller Afrika-Bild

Ich möchte mit einer Frage beginnen: Woran denken Sie, wenn Sie an Afrika denken? Welche Bilder tauchen vor Ihren Augen auf? Welche Gefühle stellen sich ein? Welche Situationen sehen Sie vor sich und welche Stichworte fallen Ihnen ein?

Sicherlich beantwortet jeder diese Fragen etwas anders, und doch mache ich immer wieder die Erfahrung, daß es eine beeindruckende Ähnlichkeit in den Bildern und Vorstellungen gibt. Afrika, das sind Bilder des Hungers und des Elends von Flüchtlingen, Afrika, das sind Bilder grausamer Bürgerkriege und von Aktionen großflächiger Nahrungsmittelverteilung. Afrika, da denken viele zwar auch an eine großartige Natur und an Menschen mit Lendenschurz und Speer, aber zugleich fürchten sie sich vor Aids und anderen Krankheiten. Bei den Bildern und Vorstellungen sind mit ziemlicher Sicherheit nicht dabei: Szenen aus Städten, Bilder von erfolgreichen Menschen, die sich über ihre Leistungen freuen, Bilder von demokratisch gewählten Parlamenten, die in Ruhe ihre Arbeit tun...

Wenn man mit Afrika vor allem Kriege und Katastrophen, Hungersnöte und millionenfache Hilflosigkeit verbindet, dann zeigt sich darin der Afrika-Pessimismus. Meine These ist, daß uns dieser Afrika-Pessimismus schon so sehr zur Selbstverständlichkeit geworden ist, daß wir ihn für die Realität halten. Wir gehen stillschweigend davon aus, daß Afrika das Sorgenkind der Weltgemeinschaft ist, daß von dort fast ausnahmslos schlechte Nachrichten kommen. Das heißt aber auch: Im Grunde trauen wir den Afrikanerinnen und Afrikanern nichts zu.

Die Experten

Auch bei den sogenannten Entwicklungsexperten steht Afrika nicht hoch im Kurs. Sie konzentrieren sich auf die in der Tat bedenklichen wirtschaftlichen Rahmendaten. Denenzufolge verabschiedet sich Afrika zunehmend als Weltmarktteilnehmer. Erhard Eppler hat die zugespitzte Formulierung geprägt: „Wenn Schwarzafrika heute in einem Loch versänke, würde dies Europa wirtschaftlich kaum berühren."[1] Das stimmt, und es lauern große Gefahren hinter einer wirtschaftlichen Abkoppelung Afrikas. Erhard Eppler will auf diese Gefahren hinweisen; es geht ihm gerade darum, daß Afrika nicht links liegen gelassen wird. Aber eine solche Formulierung kann leicht im Sinne des Afrika-Pessimismus mißverstanden werden. Sie besagt dann: Von Afrika ist ohnehin nichts mehr zu erwarten. Genau so reden eine ganze Reihe von Entwicklungsspezialisten, die nicht wie Erhard Eppler aus ethischen Gründen für Afrika eintreten. Sie winken beim Thema Afrika ab und sagen: das kannst du vergessen.

Falsche Hilfestellung

Viele Freunde Afrikas reagieren auf diese resignierte Abwendung von dem Kontinent, indem sie dessen Not beschwören. Sie wollen die Aufmerksamkeit für Afrika dadurch retten, daß sie an die Solidaritätsbereitschaft appellieren: Man dürfe Afrika angesichts all der Katastrophen und Nöte nicht im Stich lassen. Das ist sicherlich richtig. Andererseits erzeugt der Ruf „Afrika in Agonie!" zwar Mitleid, aber kein Zutrauen, keine Motivationen, auf diesen Kontinent und die Kräfte der Afrikaner zu setzen. Solche Aktionen für Afrika bergen daher die Gefahr, als Nebeneffekt den Afrika-Pessimismus zu fördern.

---

(1) Erhard Eppler, in: Der Spiegel, 43/1993

Die Medien

Auch die Medien befördern den Afrika-Pessimismus. Das ist keine Böswilligkeit, keine Manipulation oder dergleichen, sondern eine Folge der Art und Weise, wie die Medien funktionieren. Ich möchte das am Fernsehen erläutern. Viele verstehen das Fernsehen so, daß man damit in die Ferne sehen kann. Sie halten das Fernsehen für ein gigantisches Fernrohr oder für die elektronische Verlängerung ihrer eigenen Augen. Mit diesem Hilfsmittel kann man dann sehen, was in Afrika wirklich passiert. Wer das Fernsehen in diesem Sinne als ein verlängertes Auge des Zuschauers betrachtet, nimmt die Bilder von Afrika, die er im Fernsehen sieht, als authentische Eindrücke. Er versteht sie so, als wäre er selbst da. Genau auf diese Weise entsteht eine Täuschung.

Das Fernsehen ist ein Medium, das eine eigene Gesetzlichkeit besitzt. Es hat mehr mit einem Geschichtenerzähler gemein als mit einem glatten Abbild der Wirklichkeit, wie es sich vielleicht in einer guten Fotografie findet. Das Fernsehen erzählt Geschichten. Das heißt aber: es muß etwas passieren, es wird eine *Handlung* gebraucht. Des weiteren sind Geschichten *komponiert*: zwischen Anfang und Ende entwickelt sich eine innere Dramatik. Selbst die authentischste Reportage ist immer eine *Neuzusammensetzung von Wirklichkeit*. Außerdem sind für Geschichten immer die *besonderen Ereignisse* interessant, das Außergewöhnliche, das Sensationelle und das Extreme. Diese besonderen Ereignisse sind auch für das Fernsehen von vordringlichem Interesse. Das ist völlig legitim – und das Fernsehen wäre wohl ziemlich langweilig, wenn es anders wäre. Zum Problem wird diese Struktur, wenn die interessanten oder bewegenden Geschichten, die uns das Fernsehen erzählt, für ein *Abbild der Wirklichkeit* gehalten werden. Dann verwechselt man die Ausnahme mit der Regel, das Besondere mit dem Normalen. Und dann führt die Geschichte des besonderen Ereignisses zu einer Schädigung des Wissens von der Realität in dem betreffenden Fall.

Ich möchte dies an einem Beispiel illustrieren, das aus unserer Situation stammt. 1992/93 gingen die Bilder von randalierenden Skinheads und brennenden Asylbewerberheimen um die Welt. Besonders im US-Fernsehen gab es ausführliche Dokumentationen und Berichte von diesen Ereignissen. Wie später durchgeführte Befragungen zeigten, führte dies bei einigen US-Amerikanern dazu, eine geplante Reise nach Deutschland abzusagen – nicht als Zeichen des Protestes, sondern weil sie Angst hatten, den Neonazis zum Opfer zu fallen, die in ihrer Vorstellung Deutschland schon wieder ziemlich fest im Terrorgriff hatten. Die vereinzelten Ereignisse wurden zur Normalität extrapoliert – was aber zu einem falschen Bild von der realen Situation in der Bundesrepublik führte.

In einem viel größeren Ausmaß und über einen viel längeren Zeitraum hinweg ist Afrika genau dies widerfahren: Der ganze Kontinent wird nurmehr im Licht der katastrophischen Zuspitzungen in einigen seiner Regionen – Somalia, Ruanda – gesehen. Genau daraus nährt sich aber dann der Afrika-Pessimismus. Man sieht die Hilflosigkeit, das Chaos, die Bedürftigkeit, das Scheitern und die Sinnlosigkeit von Entwicklungsbemühungen. Ein Elendsbild erregt nicht nur unser Mitleid, sondern vermittelt auch die Grundbotschaft des Afrika-Pessimismus: Die Menschen dort sind am Ende, sie können sich nicht mehr helfen, alles versinkt im Chaos. Natürlich gibt es Regionen, wo dies tatsächlich der Fall ist, aber das ist keineswegs repräsentativ für den gesamten Kontinent.

Kampf ums Image

Der Afrika-Pessimismus beruht auf einem bestimmten *Image* des Kontinents. Es ist ein Negativ-Image, das die positiven Entwicklungen, die Stärken und Kompetenzen der Afrikanerinnen und Afrikaner ausblendet. Es kann nun nicht darum gehen, dem Afrika-Pessimismus einen unbekümmerten Afrika-Optimismus entgegenzusetzen. Es geht vielmehr um einen *Afrika-Realismus*, der die Probleme nicht leugnet, aber auch die positiven Aufbrüche würdigt und betont. Um zu einer solchen realistischen Wahrnehmung zu kommen, muß man angesichts der Verbreitung des Afrika-Pessimismus erst einmal die positiven Seiten besonders hervorheben.

Zur Erläuterung möchte ich noch einmal auf ein Beispiel aus unserem Land zurückgreifen, auf das Ruhrgebiet. Auch das Ruhrgebiet hatte und hat z.T. noch mit einem Negativ-Image zu kämpfen: es galt als Inbegriff einer sterbenden Industrieregion, voll trist-grauer Anlagen von Kohlegruben und Stahlfirmen, kein Ort zum Leben. Dieses Image stimmt nicht mit der Realität überein: Es gibt große Umbrüche in der Industrie, hin zu Zukunftstechnologien, es gibt riesige Naturlandschaften, und in vielen Gegenden des Ruhrgebiets kann man sehr angenehm leben. Um das Negativ-Image zu bekämpfen, entschloß man sich zu einer großangelegten Werbekampagne, die diese positiven Seiten herausstellte und Aufmerksamkeit für die zukunftsstarken Perspektiven dieser Region schaffte. Vielleicht erinnern Sie sich an die zweiseitigen Anzeigen in vielen Illustrierten, die grüne Landschaften, sich wohlfühlende Radfahrer und eine Region im Aufbruch zeigten.

Misereor möchte mit seiner Fastenaktion im nächsten Frühjahr auf die Notwendigkeit einer solchen Positiv-Image-Kampagne für Afrika hinweisen und einige Schritte in diese Richtung unternehmen. Die Jugendaktion, die wir gemeinsam mit dem BDKJ durchführen, steht z.B. unter dem Motto: „Good News from Africa". Dabei sind wir uns unserer Grenzen sehr wohl bewußt: Wir können auf dieses Problem hinweisen – aber nur wenn dieser Impuls zu einer veränderten Umgangsweise mit Afrika von anderen gesellschaftlichen Kräften aufgenommen wird, kann sich etwas verändern.

Es ist selbstverständlich, daß die positiven Nachrichten nicht erfunden sein dürfen. Ein anderes Image kann nur aufgebaut werden, wenn es dafür eine reale Basis gibt, wenn in der Wirklichkeit Stärken vorhanden sind, die bisher in der Wahrnehmung zu kurz gekommen sind. Es geht also nicht darum, ein positives Image von Afrika zu erfinden. Vielmehr ist es so, daß Afrika in der Tat eine Fülle hochinteressanter Entwicklungen zu bieten hat. Diese realen Entwicklungen sind die Grundlage einer Positiv-Image-Kampagne. Von einigen dieser realen, verheißungsvollen Entwicklungen möchte ich darum jetzt berichten.

Aufbrüche in Afrika

Bis zum Ende der 80er Jahre waren in etwa zwei Drittel der Staaten Afrikas Militärdiktaturen oder Einparteiensysteme an der Macht. Die entweder sozialistisch oder westlich orientierten Herrscher wurden in den meisten Fällen von den Großmächten unterstützt und an der Macht gehalten. Die grundlegenden Menschenrechte, wie auch Presse- und Meinungsfreiheit, galten in diesen Staaten wenig. Seit dem Ende des Kalten Krieges hat der Ost-West-Gegensatz seine Bedeutung verloren. So bekommt die Forderung nach Demokratie und Mitbestimmung auch in den Staaten Afrikas immer mehr Gewicht. Tief-

greifende politische Veränderungen gibt es in vielen ehemals autoritär regierten Staaten; sie befinden sich nun in einem Prozeß des Übergangs zu mehr Demokratie. Im Weltbank-Jahresbericht 1994 heißt es über diese erfreulichen politischen Entwicklungen in Afrika: „Vor wenigen Jahren gab es nur sechs Demokratien, Ende Juni 1994 dagegen 29."[2]
Schlaglichtartig möchte ich einige der bemerkenswerten Aufbruchsprozesse in Afrika benennen. Einige dieser Entwicklungen können hinsichtlich ihrer gesellschaftlichen Bedeutung durchaus mit dem Umbruchsprozeß in Südafrika verglichen werden. Die südafrikanischen Entwicklungen wurden in der Weltöffentlichkeit genau verfolgt – was sehr erfreulich ist –, während die vielen anderen, ebenso bemerkenswerten Entwicklungen nicht über Randnotizen in der Weltpresse hinauskamen – was sehr bedauerlich ist.

* Ich vermute, der Name Blantyre sagt den wenigsten von Ihnen etwas und mit dem Namen Bakili Muluzi können Sie wahrscheinlich auch wenig anfangen. Blantyre ist der Regierungssitz von Malawi. Dort übernahm im Mai dieses Jahres (1994) Bakili Muluzi vor 80.000 begeistert feiernden Bürgern im Stadion von Blantyre das Amt des Präsidenten von Malawi. Es war ein Tag des Aufbruchs nach 30 Jahren Diktatur. Freiwillig hatte Kamuzu Hastings Banda, malawischer Despot seit der Unabhängigkeit 1964, nach den ersten freien Wahlen in der Geschichte des Landes seine Niederlage eingestanden.

* Auch nach der Umkehr der politischen Verhältnisse 1990 kam es in Namibia nicht zur Racheakten der schwarzen Bevölkerungsmehrheit; der konstruktive und versöhnliche Dialog zwischen den verschiedenen Gruppen wurde fortgesetzt, obwohl viele der Namibia-Deutschen ein blutiges Chaos vorausgesagt hatten.

* Eritrea erreichte im Mai 1993 nach einem langen Bürgerkrieg seine Unabhängigkeit von Äthiopien, von dem es 31 Jahre zuvor annektiert worden war. Der Unabhängigkeit ging eine freie Volksabstimmung voraus, in der sich die Eritreer fast einstimmung für die Unabhängigkeit aussprachen. Der Nationalrat Eritreas wählte Issayas Afrewerki zum Präsidenten des Landes. Er kündigte die Einführung eines Mehrparteiensystems und die Verabschiedung einer demokratischen Verfassung noch in seiner Amtszeit an. Der neuen Regierung gelang es, die Kämpfer des Bürgerkrieges für den Aufbau des

---
(2) Weltbank, Jahresbericht 1994, Washington 1994, 81

Landes einzusetzen. Seit dem Ende des Bürgerkrieges wurden 50 Staudämme für den Bewässerungsfeldbau errichtet, 40.000 qkm Anbauterrassen an den Berghängen für Tabak und Kaffee wurden angelegt, etwa 24 Mio. Baumsetzlinge gepflanzt und zahlreiche zerstörte Produktionsanlagen wieder instandgesetzt. *(Stand September 1994)*

Hintergründe der positiven Entwicklungen

Alle diese Entwicklungen kommen nicht aus dem Nichts. Hinter den kurzen Meldungen verbergen sich lange und konfliktive historische Prozesse, kreative und mutige Aufbrüche der einfachen Leute und damit eine gesellschaftliche Vitalität und Gestaltungskraft, die unser eingespieltes Afrika-Bild zu Korrekturen nötigt. Es sind viele Faktoren, die hinter diesen Entwicklungen stehen; einige der besonders hervorstechenden möchte ich kurz benennen:

* In vielen Ländern bildet eine zunehmende Zahl besser ausgebildeter Intellektueller eine neue Elite, die nur noch zum Teil aus der Oberschicht kommt und die entschieden die bestehenden Mißstände anprangert und verändern will. Es wäre sicher interessant, einmal zu untersuchen, wie weit die kontinuierliche und geduldige Arbeit der Entwicklungsorganisationen und insbesondere auch der kirchlichen Entwicklungsarbeit bei der Heranbildung dieser neuen Elite beigetragen haben. In Südafrika z.B. hat Misereor von 1961 bis 1993 insgesamt 50 Stipendienprogramme mit über 30 Millionen DM gefördert. Diese Programme kamen ausschließlich jungen schwarzen Afrikanern zugute, die so trotz der Apartheidgesetzgebung die Möglichkeit hatten – zumeist im Fernstudium –, sich auszubilden und die jetzt beim friedlichen Aufbau des Landes wichtige Beiträge leisten können. Neben diesen Stipendienprogrammen für junge Schwarzafrikaner aus Südafrika, hat Misereor gleichzeitig für Erwachsenenbildungsprojekte noch einmal 3,7 Millionen DM eingesetzt. Wir sind in den vergangenen Jahren deshalb häufig von Freunden der Apartheidsgesetzgebung hier bei uns im Lande angefeindet worden, aber wir haben uns dadurch nicht in unserer Förderungspolitik beirren lassen.

* Die Verbesserung der Kommunikationsmittel führte dazu, daß die in den meisten Ländern zunehmenden Menschenrechtsverletzungen mehr und mehr bekannt wurden. Die Bevölkerung war immer weniger

bereit, diesen stillen Krieg der Regierung gegen das eigene Volk einfach nur hinzunehmen.
* Im zivilgesellschaftlichen Bereich entstanden immer mehr freie Vereinigungen, die mit z.T. rapidem Tempo wuchsen. Dazu zählen Gewerkschaften, Schülerverbände, Frauenvereinigungen, Berufsverbände – etwa von Journalisten usw.
* Schließlich gab es auch in den afrikanischen Kirchen einige erfreuliche Entwicklungen. Viele Ortskirchen verstanden sich zunehmend als Sprachrohr der Armen und forderten in ihrem Namen und mit ihnen zusammen politische Veränderungen.
* Die Entfaltung dieses in den Gesellschaften herangereiften kritisch-kreativen Potentials wurde enorm gefördert durch die globalen Umbrüche der letzten Jahre. Der Wegfall des Ost-West-Konflikts brachte in vielen afrikanischen Ländern die nur aus strategischen Interessen von außen gehaltenen „Stellvertreter" ins Wanken. Der politische Raum öffnete sich in einer einmaligen Weise und bot den bis dahin eingedämmten gesellschaftlichen Kräften einen breiten Handlungsspielraum.[3]

Kreative Fortschreibung von Traditionen

Daß die afrikanische Kreativität dabei auch zu Lösungen kommt, die bei uns eher eine gewisse Unsicherheit in der Bewertung auslösen, ist eigentlich selbstverständlich, im konkreten Fall dann aber doch auch eine Herausforderung. Ich möchte als Beispiel dafür aus dem Bericht eines deutschen Entwicklungsexperten zitieren, der von einigen ihm bekannten Geschäftsleuten und Anwälten in deren Dorf im Norden von Kamerun eingeladen wurde:
„Als ich das Wohnzimmer meines Gastgebers betrat, waren praktisch alle Stühle bis auf das zentrale Sofa, das ein junger Mann für sich alleine in Anspruch nahm, besetzt. Er wurde mir als König des 'Dorfes' vorgestellt. Bei dem 'Dorf' handelte es sich nach deutschen Maßstäben um eine Mittelstadt mit 60.000 Einwohnern. Alle Anwesenden, darunter nicht wenige, die auf den Flughäfen von New York, Paris und Frankfurt zu Hause sind, behandelten den 'Chef' mit großem Respekt.

---

(3) Vgl. dazu auch den Beitrag von M.Hippler/H.Grysar „Afrika – kein Weg zurück" im Werkheft zur Misereor-Fastenaktion 1995

Beim Buffet mußte man so lange sitzen bleiben, bis der Teller des Königs gefüllt worden war. Im anschließenden Gespräch ging es um die Grundzüge der 'kommunalen Demokratie'. Der König trifft alle wichtigen Entscheidungen, die das 'Dorf' betreffen, nachdem er sich mit seinen Notabeln, dem Dorfadel, und mit den sogenannten 'Eliten' beraten hat. Zu den letzteren – da spiegelt sich der Einfluß der 'Moderne' – gehören die zehn Personen des Dorfes, die es zu etwas gebracht haben, erfolgreiche Akademiker und Unternehmer. Da die örtlichen 'Eliten' ihren Lebensmittelpunkt fast ausschließlich außerhalb des Dorfes und zum Teil im Ausland haben, geschieht die Beratung – falls sich nicht alle anläßlich einer Beerdigung zu Hause treffen – per Telefon und Fax, und zwar so lange, bis ein Konsens gefunden worden ist. Der König gibt dann die Entscheidung, bei der es etwa um Landzuteilung oder den Bau einer Wasser- oder Stromleitung gehen kann, bekannt. Finanziert werden die Infrastrukturmaßnahmen von der 'Dorfgemeinschaft', ein Großteil wird von den 'Eliten' beigesteuert. Die staatliche – von oben eingesetzte – Verwaltung ist zwar vorhanden, spielt faktisch aber keine Rolle."[4]

Im weiteren Verlauf des Berichts wird deutlich, daß sich die Teilnehmer dieser Dorfversammlung durchaus darüber im Klaren sind, daß diese Form von „Demokratie" ethnische Homogenität voraussetzt und in den größeren Städten nicht mehr funktioniert. Da müssen dann Formen gefunden werden, die den sogenannten westlichen Vorstellungen näher stehen. Leider wird nicht darüber berichtet, wie die einfachen Leute des Dorfes zu dieser Form von Herrschaft stehen, welche Möglichkeiten es z.B. für arme Dorfbewohner gibt, ihre Interessen in der Runde der Entscheider zur Geltung zu bringen. Um sich wirklich ein Urteil bilden zu können, müßte noch sehr viel genauer untersucht werden. Aber schon auf der Grundlage dessen, was hier berichtet wurde, lassen sich einige interessante Dinge festhalten:
* Tradition und Moderne sind keine unversöhnlichen Gegensätze noch stehen sie unverbunden nebeneinander. Sie werden in Verbindung gebracht, miteinander verknüpft und *beide* ändern sich dabei.
* Bei den Eliten gibt es durchaus das, was wir „Gemeinsinn" nennen, eine Verantwortung für die Entwicklung des gesamten

---
[4] Roger Peltzer, Zur Demokratie unfähig? Altes und Neues im Widerstreit, in: Frankfurter Allgemeine Zeitung, 28.5.94

Gemeinwesens. Überhaupt sind die vielgescholtenen jungen Eliten Afrikas keineswegs so schlecht, wie sie bei uns oftmals dargestellt werden. Hier gibt es sehr viele ehrgeizige, engagierte Männer und Frauen, die ein demokratisches Gemeinwesen aufbauen, die Korruption überwinden und soetwas wie „Wohlstand" für möglichst viele ermöglichen wollen.

* Der Kontrast der archaischen Dorfversammlung um den König auf der einen und Fax, Telefon und Flugverkehr auf der anderen Seite läßt etwas von der Anpassungsleistung und Kreativität ahnen, mit denen hier Tradition und Moderne vermittelt werden. Gerade die gefühlsmäßige Ambivalenz, die diese Situation bei dem westlichen Betrachter hinterläßt, ist ein Hinweis darauf, daß Afrika durchaus eigene Wege geht, die irgendwann einmal auch Nachahmenswertes für uns enthalten können. Im Übrigen treffen sich im Konsensprinzip alte afrikanische Tradition und moderne Demokratietheorie – wenngleich der Kreis der Einbezogenen unterschiedlich abgesteckt wird.

Konsequenzen für unseren Umgang mit Afrika

Ich habe mit diesen Bemerkungen darauf aufmerksam zu machen versucht, daß in Afrika großartige und beachtenswerte gesellschaftliche Reformentwicklungen stattfinden und daß es in diesem Kontinent starke eigene Kräfte gibt, die in der Lage sind, dem Kontinent ein neues, eigenes Profil zu verleihen. Dabei habe ich mich auf die gesellschaftspolitischen Entwicklungen beschränkt. Ebenso Interessantes gäbe es aus dem Bereich der Religionen und Kulturen und auch aus dem Feld der Wirtschaft zu berichten. Das Bild von Afrika als dem hilflosen Katastrophenkontinent ist einfach falsch! Afrika ist anders, besser, stärker, selbstbewußter, freier und erfolgreicher als wir gemeinhin denken. Was folgt daraus für unseren Umgang mit diesem Kontinent?

Bisher und besonders in den vergangenen Jahren ist unser Umgang mit diesem Kontinent vor allem vom Gefühl des *Mitleids* bestimmt. Dies ist eine angemessene Reaktion auf all die Bilder von Katastrophen, Hungersnöten, Bürgerkriegen und Flüchtlingslagern. Aber es paßt nicht zu dem anderen Afrika, dem Afrika im Aufbruch, dem starken Afrika politischer Neugestaltung und kreativer Verbindung von Tradition und Moderne. Zu diesem real-vitalen Afrika gehören zwei anderen Grundhaltungen, die ich näher erläutern möchte: Es sind *Anerkennung* und *Fairneß*.

Anerkennung

Die fundamentale Bedeutung von „Anerkennung" ist in der politischen Theorie der letzten Jahre zunehmend erkannt und thematisiert worden. „Die These lautet, unsere Identität werde teilweise von der Anerkennung oder Nicht-Anerkennung, oft auch von der Verkennung durch die anderen geprägt, so daß ein Mensch oder eine Gruppe von Menschen wirklichen Schaden nehmen, eine wirkliche Deformation erleiden kann, wenn die Umgebung oder die Gesellschaft ein einschränkendes, herabwürdigendes oder verächtliches Bild ihrer selbst zurückspiegelt. Nichtanerkennung oder Verkennung kann Leiden verursachen, kann eine Form von Unterdrückung sein, kann den anderen in ein falsches, deformiertes Dasein einschließen." [5] So formuliert es der Sozialphilosoph Charles Taylor. Er erläutert den Zusammenhang von Anerkennung und Unterdrückung an der Geschichte der Schwarzen, denen die weiße Gesellschaft über Generationen hinweg ein erniedrigendes Bild ihrer selbst zurückgespiegelt habe, ein Bild, das sich manche von ihnen zu eigen gemacht haben. Die Verachtung des eigenen Selbst sei schließlich zu einem der mächtigsten Werkzeuge ihrer Unterdrückung geworden. Und Taylor zieht die Schlußfolgerung: „So gesehen zeugt Nicht-Anerkennung oder Verkennung des anderen nicht bloß von einem Mangel an gebührendem Respekt. Sie kann auch schmerzhafte Wunden hinterlassen, sie kann ihren Opfern einen lähmenden Selbsthaß aufbürden. Anerkennung ist nicht bloß ein Ausdruck von Höflichkeit, den wir den Menschen schuldig sind. Das Verlangen nach Anerkennung ist vielmehr ein menschliches Grundbedürfnis." [6]

Wir müssen uns fragen, ob unsere Wahrnehmung von Afrika als Katastrophenkontinent, ob unser Blick auf die Niederlagen, Schwächen und Krisen der Afrikaner nicht auch eine versteckte Form der Nicht-Anerkennung darstellt. Das ist sicher nicht beabsichtigt. Die

---

(5) Charles Taylor, Die Politik der Anerkennung, in: Amy Gutmann (Hg),
    Multikulturalismus und die Politik der Anerkennung, Frankfurt 1993, 13-78; 13f.
(6) Taylor, Politik, 14f.

Behandlung Afrikas als Katastrophenfall oder als „Sorgenkind" kann aber genau diesen Effekt einer empfundenen Nicht-Anerkennung mit sich bringen. Insofern ist Anerkennung eine wichtige Forderung für einen besseren Umgang mit Afrika. Positiv ist damit gemeint, daß wir die geschilderten Stärken und Leistungen der Afrikanerinnen und Afrikaner mit in unser Afrikabild aufnehmen müssen. Es geht um das Zutrauen, daß die Afrikaner selbst es sind, die ihrem Kontinent ein neues Gesicht zu geben vermögen.

Das Vertrauen in die Stärke und Selbsthilfefähigkeit der Menschen in der Dritten Welt ist übrigens die Grundidee der Misereor-Arbeit. Deshalb realisieren wir Nothilfeprogramme nur in Ausnahmen und als Ausnahmen. Das inzwischen zum Schlagwort verkommene Prinzip der „Hilfe zur Selbsthilfe" versucht eine solidarische Unterstützung in gegenseitiger Anerkennung zu beschreiben. Es geht darum, die Hilfe in den schwierigen Situationen vieler Länder so anzusetzen, daß die Menschen dort größere Handlungsspielräume gewinnen. Nicht *wir* lösen die Probleme der Afrikaner, sondern wir geben eine Unterstützung, damit *sie selbst* ihre Probleme besser lösen können. Diese Arbeit kann nicht so unmittelbar an das Mitleid appellieren wie etwa die Katastrophenhilfe, sie ist aber nicht weniger wichtig – und sie hat den unschätzbaren Vorteil, mit der Hochachtung vor den Fähigkeiten der Betroffenen auch deren Anerkennung zu befördern.

Aus diesem Grundsatz lebt die Projektarbeit bei Misereor. Deshalb haben wir uns in den letzten Jahren immer mehr darum bemüht, den Armen in den Dörfern und Stadtrandgebieten dabei zu helfen, sich zu organisieren. In Simbabwe z.b. geschieht das durch CADEC. CADEC steht für: Catholic Development Commission, die Entwicklungsorganisation der katholischen Kirche von Simbabwe. In allen Diözesen von Simbabwe gibt es inzwischen Entwicklungsbüros, die für eine flächendeckende und kontinuierliche Entwicklungsarbeit für die Armen Sorge tragen.

SECADEV in der Erzdiözese N'Djamena im Tschad leistet eine ähnliche Arbeit. Hier geht es insbesondere um integrierte ländliche Entwicklung und Frauenförderung. Der Direktor von SECADEV bemerkt dazu: „Die Rolle der Frauen in den Aktivitäten der Region ist bedeutend. Trotz ihrer wichtigen Rolle werden ihre Aktivitäten schnell verschleiert, sobald sie sich in der Gegenwart von Männern befinden. Eine der Hauptursachen der Abhängigkeit von Frauen ist die Vernachlässigung von schulischer Bildung und beruflicher Ausbildung. Dies

bekämpfen wir durch Alphabetisierung in unseren nicht-formalen Schulen. Misereor unterstützt diese Arbeit seit Jahren."
Noch ein weiteres Beispiel möchte ich anführen, aus den über 70.000 Projekten, die Misereor inzwischen hat fördern können: Uganda befindet sich auf dem Weg zur Demokratie und es gilt, diesen Friedens- und Demokratisierungsprozeß zu fördern. Der katholische Priester und Befreiungstheologe John Walligo wurde von Ugandas Präsident Museveni beauftragt und von der örtlichen Bischofskonferenz freigestellt, den nationalen Prozeß der Verfassungsbildung von unten zu koordinieren und zu begleiten. Für John Walligo ist es dabei das Wichtigste, auf „die einfachen Leute zu hören, sie so achtungsvoll ernstzunehmen, wie Gott sie anschaut, sie mit den großen Aufgaben zu konfrontieren, und siehe, sie finden den Weg!" So beschreibt Walligo selbst seine Aufgabe. Die Bischofskonferenz unterstützt diesen nationalen Versöhnungsprozeß mit der Herausgabe der Wochenzeitschrift „The Constitution", für die die nationale katholische Justice and Peace Commission verantwortlich ist. John Walligo, der als Generalsekretär der Verfassungskommission maßgeblich an der demokratischen Verfassung mitgearbeitet hat, soll als verantwortlicher Chefredakteur die Zeitschrift leiten. Misereor unterstützt diesen Prozeß, von dem John Walligo sagt: Wir gehen mit unserem Verfassungsprozeß einen langsamen Weg, der auf die Beteiligung aller achtet. Der Weg in die Demokratie ist steinig, aber hoffnungsvoll.

Fairneß

Bei der Fairneß geht es um eine gerechte Gleichbehandlung aller Beteiligten, um den Verzicht auf ein ungerechtfertigtes Ausnutzen der Position des Stärkeren und um eine rücksichtnehmende Förderung der Schwächeren. Im Blick auf unser Verhältnis zu Afrika hat die Forderung nach Fairneß noch eine eigene kritische Spitze. Sie besagt nämlich, daß wir gegenüber Afrika gar nicht die moralischen Helden samaritanischen Erbarmens sind, als die wir uns gelegentlich gerne darstellen, sondern daß Afrika schon sehr viel gedient ist, wenn wir einfach nur fair sind. Drei Beispiele:
* In der EU werden riesige Überschüsse an Rindfleisch produziert. Um diese auf dem Weltmarkt verkaufen zu können, werden Millionenbeträge an Subventionen aufgebracht. Diese Subventionen machen

das EU-Rindfleisch konkurrenzlos billig. Das hat z.B. in Westafrika zur Folge, daß die lokalen Anbieter keine Chance mehr haben. Mehr als vier Millionen Menschen erwirtschaften in den trockenen Gebieten südlich der Sahara ihren Lebensunterhalt durch Viehzucht. Viehzucht und Viehhandel stellten bis in die achtziger Jahre einen der wenigen funktionierenden Erwerbszweige im Sahel dar. Nach Angaben der Weltbank erwirtschaftet Burkina Faso 26,3 % seiner Exporteinnahmen im Handel mit Tieren, Niger 14 % und Mali sogar über 30 %. In Burkina Faso ist fast die halbe Bevölkerung mit der Tierproduktion befaßt. Seit das von der EU subventionierte Rindfleisch in diesen Markt eingedrungen ist, verkaufen allein Burkina Faso und Mali etwa 100.000 Tiere weniger auf ihrem traditionellen Markt in der Elfenbeinküste. In den großen Städten Benins ist der Verbrauch von nichtafrikanischem Fleisch von 8 % 1980 auf 71 % 1991 angestiegen. In Ghana ist im Jahr 1992 der Preis für frisches Rindfleisch auf die Hälfte gefallen – unmittelbar verursacht durch die EU-Rindfleischflut. Für die EU ist das in Afrika umgesetzte Rindfleisch nur eine kleine Menge, für die lokale Produktion ist diese Menge tödlich. Im Oktober 1993 erhielten die Rinderzüchter in der Sahelzone gerade noch die Hälfte des ehemals normalen Preises von ihren Zwischenhändlern gezahlt.[7]

Mit subventioniertem Rindfleisch lokale Produzenten in Afrika auszustechen, ist alles andere als fair! Die Nord-Süd-Initiative Germanwatch hat in einer öffentlichen Kampagne auf diese Mißstände hingewiesen und Veränderungen gefordert. Tatsächlich sind die Subventionen etwas gesenkt worden, was das Problem aber noch keineswegs löst. Dieses Beispiel zeigt, daß eine größere Fairneß gegenüber Afrika schon ein großer Fortschritt wäre. Und es zeigt, wo Aufgabenfelder eines afrikafreundlichen Engagements liegen: In der Einmischung bei uns!

* Daß die Rindfleischexportproblematik kein Einzelfall ist, zeigt ein zweites Beispiel aus der Misereor-Projektarbeit, das ich nur ganz kurz ansprechen möchte:

1988 führten in Ostsambia mehrere Frauengruppen im Rahmen eines ländlichen Entwicklungsprogrammes ein Projekt durch, um durch Anbau von Sonnenblumen und die Herstellung von Speiseöl ihr Einkommen zu erhöhen. Gleichzeitig aber importierte die Regierung subventioniertes Speiseöl aus den USA, um die Nachfrage der

---

(7) Vgl. Germanwatch, Unter der Lupe 1: Rindfleisch macht Hunger, Bonn 1994

städtischen Bevölkerung zu befriedigen. Mit dem Preis des eingeführten Produktes konnten die Frauen nicht konkurrieren.[8]

* Ich möchte noch ein weiteres Beispiel anführen, auf die Gefahr hin, bei einigen auf heftigen Protest zu stoßen. Viele kirchliche Organisationen sammeln regelmäßig Altkleider, um damit ihre eigene Arbeit oder auch Projekte in der Dritten Welt zu fördern. In Deutschland werden jährlich rund 250.000 bis 300.000 Tonnen Altkleider von kommerziellen Unternehmen und karitativen Organisationen gesammelt. Nur ein Bruchteil der gespendeten Kleider wird für Bedürftige hier oder für die Katastrophenhilfe verwendet. Der größte Teil der Altkleider wird von kommerziellen Sortierunternehmen aufgekauft und vermarktet. Die besten Stücke gehen in Second-Hand-Läden, zweite und dritte Wahl leichter Kleidung wird nach Afrika exportiert, warme Kleidung nach Asien und Osteuropa. Das Institut für Ökonomie und Ökumene Südwind e.V. hat die Auswirkungen der Altkleiderexporte untersucht.[9] Das Ergebnis ist erschreckend. Ein Drittel aller in den Staaten südlich der Sahara verkauften Textilien sind Altkleider aus Europa und den USA. Die afrikanischen Textilhersteller können mit den Altkleiderimporten nicht konkurrieren. Wie sollten sie auch, wenn Altkleider viel billiger als einheimische Produkte angeboten werden. Tausende Textilarbeiter und Schneider verloren ihre Jobs. In manchen Ländern steht die Textilindustrie vor dem Ruin, z.B. in Ghana. Nach den offiziellen Zollstatistiken importierte Ghana Ende der 80er Jahre sechs Altkleider pro Einwohner. Eine Studie stellte 1989 fest: Unter den gegenwärtigen Bedingungen hat das Handwerk, aber auch die lokale Textilindustrie schlichtweg keine Chance. In Ghana droht mit dem Ruin der Textilindustrie auch der Zusammenbruch des Baumwollanbaus.

(Anmerkung: Die Organisation „Südwind" sucht gemeinsam mit kirchlichen Organisationen, die Altkleidersammlungen betreiben, nach Wegen, ohne Schaden für die Dritte Welt zu sammeln.)

---

(8) Das Beispiel findet sich in Hippler/Grysar (vgl. Anm. 3)
(9) Vgl. die Studie Südwind (Hg), Der Deutschen Kleider –
    Schaden Kleiderspenden der Zweidrittelwelt?

Conlcusio

Was braucht Afrika wirklich? Das war die Ausgangsfrage meiner Überlegungen. Die Antwort lautet kurzgefaßt: Weit mehr als *Mitleid* braucht Afrika *Anerkennung* und *Fairneß*. Damit verbunden sind mehrere Herausforderungen für uns:
* Die Veränderung unseres Bildes von Afrika.
* Die Unterstützung der Selbsthilfebemühungen in Afrika.
* Die Einflußnahme auf eine faire Gestaltung der internationalen Rahmenbedingungen zugunsten des immer wieder benachteiligten Afrika.

Afrika ist kein Kontinent in Agonie, sondern ein Kontinent im Aufbruch und im Umbruch, der blühen wird, wenn wir ihm mit Sympathie, Anerkennung und Fairneß begegnen.

Thema Solidarität

Im theologischen und politischen Denken von Norbert Herkenrath spielte der Begriff der Solidarität eine zentrale Rolle, was sicherlich auch damit zusammenhängt, daß es sich um einen Kernbegriff der Misereor-Arbeit handelt. Die Auseinandersetzung mit diesem Begriff ist dementsprechend vielfältig. Für das vorliegende Buch wurden zwei jüngere Texte ausgewählt, die unmittelbar mit der Solidaritätsdebatte zu tun haben, die gegenwärtig in Sozialwissenschaften und Philosophie, aber auch recht breit in der Gesellschaft geführt wird.

13. Blockiert Individualisierung die Solidarität mit dem Süden?

Über Umbrüche im Solidarverhalten (1993)

Vom 29.-30.10.1993 fand im Niels-Stensen-Haus in Lilienthal bei Bremen eine Tagung statt, die das Haus in Zusammenarbeit mit dem Referat Kirchenfragen beim Vorstand der SPD organisiert hatte. Das Thema lautete: „Individualisierung und Solidarität. Über die Gefährdung eines Grundwertes." Nach Norbert Herkenrath sprach Wolfgang Thierse, der sich mit der Frage beschäftigte, ob Individualisierung die Solidarität mit dem Osten blockiere. Herkenrath verfolgte eine zweifache Stoßrichtung: Er argumentierte gegen die Behauptung eines Verfalls von Solidarität einerseits, andererseits aber für eine realistische Wahrnehmung der Konkurrenz der Solidaritäten, die von wohlgemeinten Slogans wie „Solidarität ist unteilbar" leicht überdeckt aber eben nicht gelöst wird.

Gegen das Lamento vom Solidaritätsverfall

Die Klage über eine Auflösung der Solidarität in unserer Gesellschaft ist heute allenthalben zu hören. Wenn man allerdings einige Jahrzehnte oder auch ein Jahrhundert zurückschaut, stellt sich die Situation kaum anders dar. Es scheint zum Modernisierungsprozeß zu gehören, daß die Menschen das Empfinden entwickeln, er zerstöre die Bande der Solidarität. Die neuere Thematisierung von Modernisierung als Individualisierung, etwa bei Ulrich Beck oder in der US-amerikanischen Kommunitarismusdiskussion, hat diesen Trend eher noch verstärkt als verändert. Es sieht in dieser Denklinie so aus, als fördere unsere Gesellschaft einen Prozeß der Individualisierung als immer stärkeren Rückzug der Einzelnen auf immer kleinere Lebenswelten bis hin schließlich zum Single-Dasein, das gleichsam als Inbegriff moderner individualisierter Existenz erscheint. (In diesem Sinne haben die zölibatär lebenden Priester ihre Zukunft noch vor sich.) Verbunden mit dem Bild vom allein lebenden Single ist die Vorstellung, es handele sich um eine vereinzelte *Existenz*, um ein von sozialen Beziehungen und vor allem von sozialen Bindungen weitgehend abgekoppeltes Leben. Das Grundschema ist relativ simpel: Je mehr Individualisierung, desto weniger Solidarität.

Angesichts dieser Situation scheint es zwei große Lager in der Gesellschaft zu geben: diejenigen, die mehr oder weniger passiv am Prozeß der Desolidarisierung teilnehmen, und diejenigen, die um eine Rettung der „Ressource Solidarität" bemüht sind und die deshalb ein gemeinsames Anliegen haben, nämlich den Menschen wieder mehr Solidarität beizubringen. Wie so oft ist die Wirklichkeit viel komplizierter als dieses einfache Bild nahelegt, denn die Widersprüche und Spannungen verlaufen nicht so eindeutig, wie es in der Entgegensetzung von Individualisierung und Solidarität erscheint.

Ich möchte in meinen Ausführungen eine andere Wahrnehmung der gesellschaftlichen Situation plausibel zu machen versuchen, die mehr von einem *Umbruch* im Solidaritätsverhalten ausgeht als von dessen Abbruch. Was sich verändert, ist die Konventionalität des Solidaritätsverhaltens, nicht seine Qualität. Das heißt: Die Menschen führen Solidaritäten nicht einfach weiter, in die sie hineingewachsen sind oder die in ihrem sozialen Umfeld üblich sind, sondern – und in *diesem* Sinne wirkt sich Individualisierung aus – sie prüfen die unterschiedlichen Formen und Praxisfelder von Solidarität und *wählen* die ihnen passend und dringlich erscheinende Solidarität aus. Und wenn ihnen diese Wahl nicht mehr plausibel erscheint, tun sie sich im Vergleich zu früheren Generationen leichter, die Solidaritäten zu wechseln oder auch sie zurückzunehmen und sie später in anderen Zusammenhängen wieder zu verstärken.

Es ist kein Wunder, daß gerade die Kirchen und die Sozialdemokratie sich mit diesem Umbruch schwer tun und dazu neigen, ihn als Erosion von Solidarität zu deuten, denn beide konnten bis lange in die bundesdeutsche Nachkriegsgesellschaft hinein auf „sozialmoralische Milieus" aufbauen, in denen ein Bewußtsein des Zusammenhalts untereinander gepflegt und eine bestimmte Form der Mobilisierung von Solidarität eingespielt war. Rief die Kirche zu einer bestimmten Solidaritätsaktion auf, dann folgte der gute Katholik diesem Aufruf, vor allem weil es seine Leute waren, die diese Aktion unternahmen. Und riefen SPD und Gewerkschaften zu einer bestimmten Solidaritätsaktion auf, dann folgte die gute Sozialdemokratin diesem Aufruf, weil es ihre eigenen Leute waren, die diese Aktion unternahmen. Diese Zeiten sind vorbei oder sind zumindest dabei, rapide zu Ende zu gehen. Heute muß eine Solidaritätsaufforderung schon *als solche* einleuchten, wenn sie bei den Leuten ankommen soll.

Mit dieser Akzentuierung der Spannung zwischen Individualisierung und Solidarität möchte ich mich von den Klageliedern über die gesellschaftliche Erosion von Solidarität absetzen, wie sie sowohl von konservativer als auch von linker Kulturkritik gleichermaßen ertönen, wenngleich sehr unterschiedliche politische Konsequenzen gezogen werden. Ich gebe zu, daß meine Abneigung gegen ein Einstimmen in das Jammerlied von der verschwindenden Solidarität auch an der einfachen Tatsache liegen mag, daß ich Rheinländer bin und nicht recht zu glauben vermag, daß die Menschen schlechter geworden sind. Aber es gibt auch auf der Ebene der Fakten eine ganze Reihe von Anhaltspunkten dafür, daß von einer Erosion der Solidarität nicht die Rede sein kann. Ich möchte mich dabei auf das Gebiet konzentrieren, in dem ich tätig bin, die Solidaritätsarbeit mit den Armen der Dritten Welt.

Weltweite Solidarität: ungebrochen stark

Es ist natürlich nicht leicht, so etwas wie die Solidarität der Bevölkerung mit der Dritten Welt quantitativ zu messen. Aber es gibt einige Indikatoren. Einer davon ist das Spendenaufkommen der Nicht-Regierungsorganisationen. Allen Unkenrufen zum Trotz sind hier in den letzten Jahren praktisch keine Einbrüche zu verzeichnen, im Gegenteil, das Gesamtaufkommen dürfte eher gestiegen sein. Dies entspricht einer schon länger bekannten Beobachtung, die den Vermutungen des Alltagsempfindens zuwiderläuft: In wirtschaftlichen Krisenzeiten, in Situationen, in denen die Menschen weniger Geld zur Verfügung haben, gibt es interessanterweise keinen Rückgang im Spendenaufkommen der Hilfsorganisationen! Die Solidarität mit der Dritten Welt ist offenbar nicht etwas, das aus dem Überfluß abgezweigt wird, ohne daß man viel davon merkt. Eine solche Einschätzung findet sich oft bei politisch-idealistischen Aktivisten, die damit aber vielen Menschen Unrecht tun, hinter deren Geldspenden mehr an ernsthaftem Engagement und Bereitschaft zum Teilen und in diesem Sinne an Solidarität steckt, als häufig angenommen wird. Ich könnte dies aus der Erfahrung von Misereor an einer Fülle von Beispielen belegen. Daß die Spendenbereitschaft gerade in wirtschaftlich schwierigen Zeiten nicht zurückgeht, mag damit zusammenhängen, daß die Erfahrung wirtschaftlicher Engpässe am eigenen Leib gleichsam wie eine physische Erinnerung an die erheblich größeren Schwierigkeiten anderer Menschen funktioniert, so daß einem deren Schwierigkeiten nun noch eindringlicher vor Augen stehen. Auch dies ist ein Hinweis darauf, daß die Dispositionen zur Solidarität weiterhin vorhanden und wirkmächtig sind.

Ein weiterer Indikator sind die Aktivitäten auf lokaler Ebene, die konkreten Engagements der Menschen für die Dritte Welt. Hier beobachten wir seit längerer Zeit eine konstante Zunahme der direkten Kontakte, der Partnerschaftsprojekte und gezielten Unterstützungsaktionen. Wenn dieser Trend in verschiedener Hinsicht auch einigen Anlaß zu entwicklungspolitischer Besorgtheit gibt, etwa hinsichtlich vernünftiger regionaler Verteilungen, hinsichtlich der Angemessenheit und Angepaßtheit der Projekte und hinsichtlich der Gefahren paternalistischer Haltungen, so zeigen diese Aktivitäten auf der anderen Seite jedoch eine große Bereitschaft für oftmals sehr intensive Engagements, in die die Menschen eine bemerkenswerte Menge an Zeit und Energie investieren. Schätzungen aus unserem Hause gehen davon aus, daß etwa jede zweite Kirchengemeinde in irgendeiner Weise solche direkten Kontakte in die Dritte Welt pflegt.

Das Lamento vom Solidaritätszerfall als Ablenkung von Sachproblemen

Etwas anders sieht die Situation bei den „traditionellen" Dritte-Welt-Aktionsgruppen wie überhaupt bei denen aus, die sich mehr oder weniger professionell mit der Dritten Welt bzw. mit Fragen der Entwicklungspolitik beschäftigen. Hier finden sich ein Rückgang der Aktivitäten, Enttäuschungen und Frustration der Aktiven und im Ganzen das Stärkerwerden einer Haltung, die als „Entwicklungspessimismus" beschrieben worden ist. Das ist nicht ausnahmslos der Fall, es gibt auch interessante Neuaufbrüche (Germanwatch; WEED), aber im großen und ganzen hat man hier doch den Eindruck einer Flaute. Es lohnt im hier zur Debatte stehenden Zusammenhang der Frage nach einer Krise der Solidarität noch einen Augenblick bei dieser Flaute auf dem Feld der entwicklungspolitisch Engagierten zu verweilen, denn sie ist ein hervorragend geeignetes Beispiel, um zu zeigen, wie die Rede von einer Krise der Solidarität dazu beitragen kann, die wirklichen Probleme zu verdecken und konstruktive Lösungen zu blockieren.

Denn zunächst einmal legt es sich natürlich nahe, die Krise der politisch-aktiven Dritte-Welt-Solidarität, das Verschwinden all der Solidaritätskomitees und -kampagnen als ein Symptom für einen allgemeinen gesellschaftlichen Prozeß des Rückgangs engagierter Solidarität zu nehmen, als Ergebnis jener Individualisierungsprozesse, in deren Folge die Menschen sich immer mehr und schließlich nurmehr um sich selbst kümmern und deshalb gegenüber den drängenden sozialen Problemen in der Welt apathisch werden. Weil den Menschen in ihrer stärker werdenden Ichzentriertheit, in ihrer Mentalität der Besitzstandswahrung und egoistischen Selbstbehauptung, der Gemeinsinn verlorengehe und der Solidarität keine Bedeutung mehr zukomme, sei es kein Wunder, daß es auch um die Dritte-Welt-Solidarität schlecht stehe. Sie erscheint als ein Opfer des verruchten Individualisierungsprozesses und dessen Zersetzung von Solidarität. Ist man einmal an diesem Punkt der Analyse, ist die Konsequenz beinahe zwingend: Die Menschen werden moralisierend angeklagt bzw. beschimpft, oder, in der linksorientierten Variante, die gesellschaftlichen Verhältnisse werden beklagt und die Menschen werden beschworen, sich dem entgegenzustemmen, was die Strukturen ihnen antun wollen. Dieses Entgegenstemmen wäre ein Aufbäumen der Solidaritätsreserven gegen die Verführungen individualisierter Selbstzentriertheit.

Unterhält man sich mit altgedienten Dritte-Welt-Aktivisten oder mit entwicklungspolitischen professionals, seien sie nun enttäuscht und auf dem Rückzug aus ihren Engagements oder seien sie „trotz allem" weiterhin aktiv in der Sache, und nimmt man zu solchen Gesprächen die vielfältigen Publikationen über Erfahrungen der Dritte-Welt-Arbeit hinzu, dann ergibt sich schnell ein anderes Bild. Es zeigt sich dann, daß die Krise der Engagements sehr reale Gründe in der Sache hat, daß sie mit enttäuschten Erwartungen, politischen Verunsicherungen und Umbrüchen, Ratlosigkeit über zukünftige Strategien und dergl. zu tun hat. Die Dritte-Welt-Bewegten erwarteten lange Zeit von den Befreiungsbewegungen der Dritten Welt die Entwicklung von politischen Alternativen, die auch für uns hier hilfreich sein könnten. Ferner müssen sie die vielfältigen Umbrüche *in* der Dritten Welt verarbeiten, den Aufschwung einer Reihe von asiatischen Ländern, den Rückfall von Afrika südlich der Sahara und das widerspruchsvolle Schwanken verschiedener Länder Lateinamerikas. Viele fragen sich, ob man überhaupt noch von *der* Dritten Welt sprechen könne. Auch bei den Entwicklungsexperten gibt es gravierende Probleme in der Sache: Viele von ihnen sehen sich von Vorstellungen eines raschen Aufholens der Entwicklungsländer über die Erfahrung der Langsamkeit von Entwicklungsprozessen inzwischen in einen Strudel von unbeabsichtigten Nebenfolgen und Kontraeffekten geraten, in dem sie oftmals nicht mehr wissen, was sie tun sollen und deshalb gelegentlich dazu neigen, auf jegliche Einmischung in die Situation in der Dritten Welt zu verzichten.

Ich kann diese Problematik, zu der noch sehr viel Genaueres gesagt werden müßte, hier nicht weiter ausführen. Es geht hier ja nicht primär um diese Sachdiskussion als solche, sondern um den Hinweis darauf, daß es bei der Frage nach der Krise der Dritte-Welt-Solidaritätsarbeit um diese und ähnliche Entwicklungen in der Sache selbst geht und eben nicht um eine Erosion der Solidarität. Würde man sich in der Analyse auf das Thema einer Erosion der Solidarität konzentrieren – etwa inspiriert durch die US-amerikanische Kommunitarismusdiskussion –, verfehlte man die reale Problematik nahezu völlig.

Das Solidaritätspotential ist da

Aus dieser speziellen Erfahrung möchte ich eine allgemeine Vermutung ableiten: Es könnte sein, daß überall dort, wo heute ein Versagen oder gar Versiegen von Solidarität diagnostiziert wird, in Wirklichkeit Probleme in der Sache existieren, die die Menschen dazu veranlassen, Zurückhaltung in ihrem Solidaritätsverhalten zu üben. Es sind Bedenken in der Sache, mangelnde Überzeugtheit von der Notwendigkeit von Solidarität gerade hier und jetzt und in dieser bestimmten Sache – und über diese Bedenken und Vorbehalte wäre zu reden, diese wären auszuräumen, anstatt ein großes Klagelied über den Rückgang von Solidarität anzustimmen.

Die Beobachtung, daß es in unserer Gesellschaft keineswegs einen säkularen Rückgang von Solidarität gibt, wird auch durch Untersuchungen belegt, die sich mit dem Solidaritätspotential für hiesige sozialpolitische Herausforderungen beschäftigen. Karl Otto Hondrich und Claudia Koch-Arzberger fassen die Ergebnisse dieser Untersuchungen folgendermaßen zusammen:

„Ganz generell scheint es eine hohe Bereitschaft in der Bevölkerung zu geben, sich im sozialpolitischen Bereich zu engagieren. Nachdem sie seit Jahren das Absinken der Zahl ehrenamtlicher Mitarbeiter hinnehmen mußten, können auch die Wohlfahrtsverbände seit der Mitte der achtziger Jahre wieder eine Zunahme von freiwilligen Helfern verzeichnen ... Untersuchungen belegen außerdem, daß es noch nicht realisierte Potentiale für das Engagement in Ehrenamt und Selbsthilfe in nennenswertem Ausmaß gibt, die sich in einer Größenordnung von 27 bis 35 Prozent bewegen."[1]

Damit komme ich zur Beantwortung der Titelfrage: Blockiert Individualisierung Solidarität?

Meines Erachtens blockiert Individualisierung die Solidarität mit dem Süden nicht. Sie erfordert allerdings Anstrengungen auf dem Gebiet der Begründung und Motivation weltweiter Solidarität, damit diese in der „Konkurrenz der Solidaritäten" bestehen kann.

Jede(r) einzelne muß überzeugt werden

Das Stichwort der Individualisierung signalisiert einen Abbruch der *fraglos* vorgegebenen Bindungen, der fixierten Solidaritäten. Die Verpflichtungskraft von Konventionen, von vorgegebenen Gemeinschafts-

---

(1) Karl Otto Hondrich/Claudia Koch-Arzberger,
   Solidarität in der modernen Gesellschaft, Frankfurt 1992, 53.

bindungen schwindet – aber nicht in dem Sinne, daß die Bindungskraft und Bindungswilligkeit der Individuen überhaupt schwindet! Vielmehr treten an die Stelle der vorgegebenen nun *selbstgewählte* Bindungen, die Menschen *entscheiden* sich für bestimmte und u.u. auch gegen bestimmte andere Solidaritäten. Dies bedeutet nicht notwendig eine Schwächung gesellschaftlicher Solidarität, wohl aber eine Veränderung ihrer Struktur. Manche verstehen Solidarität sogar so, daß sie erst in diesem Kontext freiwilliger Wahl überhaupt sie selbst sei: Eine spezifische Form von Bindung in modernen Gesellschaften, ein „Gefühl der Zusammengehörigkeit zwischen Personen, die, trotz Differenzen, ihre Interessenlage und Ziele als gleich verstehen, aber ungleich beeinträchtigt sehen, woraus der Anspruch bzw. die freiwillige Verpflichtung einseitiger Unterstützung erwächst"[2] Diese Solidarität kann zeitlich begrenzt sein, sie kann unterschiedliche Formen der Intensität annehmen und sie kann aus verschiedenen Gründen und Motiven geleistet werden.

Solidarität, die Individualisierung in ihr Selbstverständnis aufnimmt, beruht auf freier Entscheidung. Entscheidungen basieren auf Gründen: die geforderte Solidarität muß individuell plausibel sein. Nicht an Gewohnheit und Konvention kann appelliert, sondern es müssen gute Gründe beigebracht werden. Deshalb *erscheint* denen, die für mehr Solidarität eintreten, die Herstellung von Solidarität oftmals schwieriger, bei näherer Betrachtung ist an der neuen Situation aber eigentlich nichts Nachteiliges. Weil die Anforderungen größer sind, kann die Qualität der Engagements eigentlich nur wachsen.

Für die Solidarität mit den Armen der Dritten Welt bedeutet dies, daß wir zeigen müssen, warum gerade sie heute besonders dringlich ist, inwiefern sie den Armen tatsächlich nützt, warum gerade die weit entfernt lebenden Armen der Dritten Welt uns besonders am Herzen liegen sollen, welche jeweils anerkannten Werte die Grundlage dieser Solidarität abgeben und sie motivational tragen können – das Menschrechtsethos etwa oder im Bereich der Kirche die aus dem Evangelium kommende „Option für die Armen". Wir müssen in einem nicht banalen Sinne für die Solidarität mit den Armen der Dritten Welt *werben*, wir müssen versuchen, möglichst viele Menschen von der Notwendigkeit gerade dieser Solidarität zu überzeugen.

---

(2) Hondrich/Koch-Arzberger, 14.

Die Tatsache, daß die Menschen ihre Solidaritäten wählen, kann für die Dritte-Welt-Arbeit durchaus von Vorteil sein. Denn in den herkömmlichen Gewohnheiten und Konventionen war es doch meist so, daß die Solidarität sich in konzentrischen Kreisen vom Nahen zum Fernen staffelte und die Dritte-Welt-Solidarität dadurch in der Regel an letzter Stelle stand. Wenn es in Situationen der Solidaritätenwahl gelingt, die Bedeutung der Dritte-Welt-Solidarität plausibel zu machen, dann könnte sie bei vielen Menschen einen höheren Stellenwert einnehmen. Und in der Tat gibt es inzwischen eine ganze Reihe von Menschen, die bereit sind – um eine Formulierung des Theologen Jürgen Moltmann aufzugreifen –, die internationale Solidarität über die nationale Loyalität zu stellen.

Weltweite Solidarität muß in der Konkurrenz der Solidaritäten bestehen können

Dies ist ein sehr schwieriger Punkt, an dem sich erfahrungsgemäß auch dann Mißverständnisse entzünden, wenn die Argumente ausgesprochen vorsichtig vorgetragen werden. Ich trage diese Überlegungen hier dennoch vor, weil sie m.E. zu einer unvoreingenommenen Wahrnehmung der Realität unbedingt dazugehören und ihr rhetorisches Überspielen in hehren Formeln in der Sache nichts einbringt.

Ausgangspunkt ist die Überlegung, daß unsere Gesellschaft den Einzelnen mit einer solchen Fülle an Solidaritätsanforderungen konfrontiert, daß es ihm völlig unmöglich ist, all diesen Anforderungen zu folgen. Was also kann er tun, wenn er nicht mehr den Konventionen eines Milieus folgt, sondern prinzipiell offen für alle sein will? Er (oder sie) *muß* auswählen. Er (oder sie) wird dies nach persönlichen Präferenzen, nach dem selbst gewählten Lebensentwurf tun, aber ebenso nach der Plausibilitätskraft, die die verschiedenen Solidaritätsanforderungen erzeugen können. Das bedeutet aber auf der Seite derjenigen, die um größere Solidarität für bestimmte Anliegen werben, daß sie untereinander in Konkurrenz um die Solidaritätsengagements der Individuen stehen. Wem es am besten gelingt, sein Solidaritätsanliegen als plausibel und zu den jeweiligen Vorstellungen eines gelingenden Lebens passend darzustellen, der wird bei der Solidaritätswahl der Individuen am meisten gewinnen. Insofern gibt es so etwas wie *Solidaritätsverteilungskämpfe* in unserer Gesellschaft, und das heißt, es gibt in unserer konkreten historischen Situation auch so etwas wie eine Konkurrenz zwischen der Solidarität mit dem Osten und der mit dem Süden.

Ich möchte gleich hinzufügen, daß ich damit die gesellschaftliche Solidarität keineswegs als ein Nullsummenspiel verstehen will, bei dem der eine immer genau das verliert, was der andere gewinnt. Die Realität zeigt, daß es anders ist und daß die eine Form der Solidarität oftmals eine andere mitzieht und ebenfalls befördert. Deshalb gibt es nicht *nur* Konkurrenz, sondern auch gemeinsame Interessen derer, die für verschiedene Solidaritäten eintreten. Das Anliegen etwa, die Bedeutung von Solidarität überhaupt in der Gesellschaft anzuheben und das Bewußtsein ihrer Notwendigkeit aufrechtzuerhalten, ist ein gemeinsames Anliegen, für das Kooperationen und vertrauensvolle Beziehungen notwendig sind.

Dies darf aber nicht darüber hinwegtäuschen, daß es eben *auch* Konkurrenz gibt, weil die Individuen persönliche Prioritäten setzen müssen und dies auch tun. Insofern ist der beliebte Spruch „Solidarität ist unteilbar" recht problematisch. Deskriptiv gesehen ist er unzutreffend: Solidarität wird ständig geteilt. Normativ gesehen ist er eine Überforderung bzw. drückt er eine Fehleinschätzng bezüglich des Wahlcharakters von konkreten Solidaritäten aus. Vielleicht soll man ihn als moralische Warnung verstehen, nicht allzu beliebig in der Wahl der eigenen Solidaritäten zu verfahren. Im Ganzen jedenfalls scheint er mir eher zur Verschleierung eines Problems beizutragen, dem wir uns aber nüchtern stellen sollten: eben der Konkurrenz der Solidaritäten.

Bei der letzten Weltbanktagung hat eine ganze Reihe von Ländern der Dritten Welt ihre zunehmende Benachteiligung infolge der immer größeren Engagements der Bank im Osten deutlich beklagt. Auch die Entwicklungen im Bundesministerium für wirtschaftliche Zusammenarbeit und Entwicklung lassen langsam eine solche Akzentverschiebung erkennen, nachdem es zu Beginn der neunziger Jahre, als diese Gefahren in der Öffentlichkeit stärker diskutiert wurden, kaum solche Tendenzen gab. Der Blick richtet sich nach Osten: Auf die Länder des ehemaligen Ostblocks ohnehin und handels-, außen- und entwicklungspolitisch zunehmend auf die erfolgreichen Länder Asiens, neuerdings besonders auf China. In dieser Region „spielt die Musik", wie der Außenminister es neulich formulierte. Nicht nur die verelendeten Massen in vielen dieser Länder, sondern vor allem auch Afrika und Südamerika geraten zunehmend auf die Schattenseite der globalen

Prozesse, werden unfreiwillig abgekoppelt, verschwinden im Desinteresse. Entwicklungsarbeit als Solidarität mit den Armen der Dritten Welt versteht sich aber gerade als Anwalt, als Lobby dieser armen Mehrheiten. Für sie kämpfen wir um Solidaritäten. Und ich kann nicht verhehlen, daß die stärker werdende Ost- und Fernostkonzentration unserer Gesellschaft uns in diesem Zusammenhang durchaus mit Sorge erfüllt.

14. Egologie versus Ökologie?

Auf dem Weg zu einem „solidarischen Individualismus" (1997)

Die AEG, bekannt für umweltsensibles Firmenverhalten, bat Norbert Herkenrath um einen Beitrag zu ihrem „Grünbuch 1997". Den zunächst etwas irritierenden Titel griff er auf, um einige Überlegungen zum Themenkomplex Selbstverwirklichung und Solidarität vorzulegen, ohne es dabei zu versäumen, das ökologisch sensible Unternehmen auf die Notwendigkeit einer gleich starken sozialen Sensibiltät im Weltmaßstab hinzuweisen.

Ökologie ist das Programmwort für unseren Umgang mit der Umwelt bzw. der „Mitwelt". Das altgriechische Wort oikos heißt bekanntlich Haus, Hauswesen, Familie. Es beschreibt die um einen Wohnort gruppierte Gemeinschaft von Menschen und deren Organisation ihres Lebens. Zu dieser Organisation gehören die Beziehungen der Menschen untereinander, der Umgang mit der Natur und die Beziehungen nach „außen". Öko*logie* als Lehre meint das gesammelte Wissen um eine gute Hausorganisation. Gegenstand dieser Lehre ist heute aber nicht mehr allein eine Großfamilie, sondern die Gesellschaft bzw. sogar der ganze Globus. Im Begriff der Ökologie verdichtet sich damit die Aufgabe einer verantwortlichen Gestaltung der Welt, in der auch der Naturverbrauch dazugehört. In diesem Verständnis meint Ökologie gerade nicht allein den Umgang mit der Natur, sondern es geht immer auch und konstitutiv um das menschliche Zusammenleben. Den Begriff *Egologie* verstehe ich kontrastierend dazu als eine Lehre vom Ich (Ego) im Sinne eines Einzelwesens. Schaut die Ökologie auf die Zusammenhänge und deren Erfordernisse, blickt die Egologie auf den Einzelnen und seine Interessen. Egologie kann abwertend verstanden werden und mit Egoismus, Egozentrismus oder Egomanie in eins gesetzt werden. Ich verstehe die etwas ungewöhnliche Wortbildung Egologie als einen Versuch, dieser schnellen Abwertung entgegenzutreten und Egologie zunächst einmal ethisch offen zu verstehen, etwa im Sinne von Selbstverwirklichung.

Egologie steht demnach für den Blick auf sich selbst, den Blick auf das Individuum in seiner Freiheit, und Ökologie steht für den Blick auf das gesamte Netzwerk an Beziehungen der Menschen untereinander und mit der Natur. Allgemein kann dann gesagt werden: Egologie wird inhuman und beraubt sich ihrer eigenen Grundlagen, wenn sie die Ökologie nicht berücksichtigt; Ökologie ohne Egologie aber droht totalitär zu werden, insofern sie die Autonomie der Individuen übergeht. Positiv formuliert könnte entsprechend gesagt werden: Der Wunsch der Menschen nach Selbstverwirklichung steht dann nicht im Widerspruch zur Ökologie, wenn die Solidarität mit den Mitmenschen und den künftigen Generationen ein Element dessen ist, was unter Selbstverwirklichung verstanden wird. Darauf zu hoffen, daß die Menschen gerade dann der Solidarität einen hohen Stellenwert einräumen, wenn sie frei über ihr eigenes Leben entscheiden können, ist keine Illusion. Empirische Untersuchungen über Werthaltungen und Wertewandel in unserer Gesellschaft belegen, daß die Menschen neben der Verfolgung ihres Eigennutzes immer auch bemüht sind, ihre moralischen Vorstellungen lebenspraktisch umzusetzen. Dies sieht inzwischen auch der bekannte Soziologe Ulrich Beck. Gerade er hat ja luzide und in immer neuen Angängen die Entsolidarisierungseffekte im Zuge von Individualisierungsprozessen beschrieben und von daher einen nicht geringen Anteil daran, daß bei uns das Bild von der Ego-Gesellschaft so stark etabliert ist. Im Frühjahr 1996 schreibt Beck nun in einem Spiegel-Essay: „Die Rede von der 'Egogesellschaft' setzt voraus, daß sich ausschließt, was tatsächlich zusammengehört: Selbstverwirklichung und Dasein für andere."[1] Beck, bekannt für einprägsame Formulierungen, spricht von der Herausbildung eines „solidarischen Individualismus", „wie ihn dieses Land, in dem noch vor kurzem die Parole galt 'Du bist nichts, dein Volk (deine Klasse) ist alles!', historisch noch nicht gekannt hat."[2] Vielleicht ist dies das Programmwort, unter dem Egologie und Ökologie zusammenfinden können: „Solidarischer Individualismus".

Zum Verhältnis von intergenerativer und innergenerativer Solidarität

Auf der anderen Seite gilt es kritisch zu fragen, wie weit diese Solidarität reicht. Im oben kurz angesprochenen Begriff von Ökologie sind

---

(1) Ulrich Beck, Kapitalismus ohne Arbeit, in: Der Spiegel 20/1996, 140-146; 144.
(2) Beck 1996, 144.

grundlegend zwei Dimensionen von Solidarität enthalten: Solidarität mit den künftigen Generationen, die sich in einem nachhaltigen Umgang mit der Natur zeigt, sowie Solidarität mit den jetzt lebenden Mitmenschen, die sich in einer Unterstützung und Förderung der benachteiligten Mitmenschen zeigt und ihnen z. B. eine Naturnutzung zugesteht, die von anderen längst in Anspruch genommen wird. Die erste Solidarität zielt in die Tiefe der Zeit, die zweite in die Breite des Raumes. Interessanterweise scheint es nun so zu sein, daß gegenwärtig die politische Bereitschaft zur zeitlichen Solidarität größer ist als die zur räumlichen Solidarität. Und dies stellt wiederum die Ernsthaftigkeit der zeitlichen Solidarität in Frage. Im „Bericht über die menschliche Entwicklung" des Entwicklungsprogramms der Vereinten Nationen (UNDP) von 1996 hat Robert Solow, Nobelpreisträger für Wirtschaft 1989, einige kritische Überlegungen zu dieser Frage vorgelegt.

Seine Argumentation lautet folgendermaßen: Was ist der Grund dafür, daß wir Menschen von heute uns genötigt sehen, das Wirtschaftswachstum in eine nachhaltige Richtung zu lenken? Wir halten es für ungerecht oder schädlich, begrenzte Ressourcen heute so stark auszubeuten, daß sie kommenden Generationen fehlen werden. Das heißt aber, wir möchten eine Ungleichheit zwischen uns und den kommenden Generationen vermeiden. Wir möchten nicht, daß es uns heute besser geht, wenn dies zur Folge hat, daß unsere Nachkommen in fernerer Zukunft viel ärmer sein werden als wir. Es ist demnach eine „Abneigung gegen Ungleichheit", die den inneren Antrieb des Einsatzes für Nachhaltigkeit ausmacht. Wenn das aber so ist, „dann läßt sich zumindest ebenso nachdrücklich (oder noch stärker) für die Beseitigung der heutigen Ungleichheiten argumentieren wie für die Besorgnis um den unsicheren Status künftiger Generationen. Diejenigen, die sich so nachdrücklich dafür einsetzen, die Zukunft nicht mit Armut zu belasten, müssen erklären, warum sie nicht der Verringerung der Armut von heute eine noch höhere Priorität einräumen. ... Warum ist es so wichtig, daß wir die ferne Zukunft vor einem Schicksal bewahren, das so wenig Besorgnis und Aktivität auslöst, wenn es die Menschen von heute trifft?"[3]

---

(3) Robert M. Solow, Ausgleichende Gerechtigkeit zwischen den Generationen ist wichtig, aber was ist mit den Ungerechtigkeiten von heute?, in: UNDP, Bericht über die menschliche Entwicklung 1996, Bonn 1996, 24.

Gegen eine ökologische Egologie

Misereor hat mit der Studie zum „zukunftsfähigen Deutschland" versucht, diesem Widerspruch zu entgehen und von Anfang an zeitliche und räumliche Solidarität zusammenzubinden. „Nicht nur die künftigen Generationen sollen gleiche Rechte auf eine intakte Natur erheben dürfen. Auch innerhalb einer Generation soll weltweite Chancengleichheit als konstitutiv angesehen werden."[4] Diese zweifache Solidarität ist die Prämisse, von der ausgehend zukunftsfähige Entwicklungen für Deutschland berechnet werden.

Egologie als ein aufs Eigene eingeengter Blickwinkel kann als eine nationale, regionale oder europäische Blickverengung unter dem Niveau der ökologischen Herausforderung bleiben. Um nochmals das anfangs angesprochene Bild von der Ökologie als Haushaltsführung aufzugreifen: Es ist ein befremdliches Bild, sich vorzustellen, daß im Keller des Hauses Menschen elend dahinvegetieren und verhungern, während die Bewohner des ersten Stocks dafür sorgen, daß Außenmauern und Dach nachhaltig renoviert werden, wobei sie gleichzeitig ihr gemütliches Feuer im offenen Kamin mit Geldscheinen am Brennen halten.

(Verfaßt im März 1997)

---

(4) BUND/Misereor (Hg), Zukunftsfähiges Deutschland, Basel 1996, 28.

15. Familienplanung und Kirche

Klarstellungen und Auswege aus dem Dilemma (1992)

Das Thema des Umgangs der Kirche mit der Frage der Familienplanung ist ein ständiger Begleiter kirchlicher Entwicklungsarbeit. Unüberbrückbar groß scheint der Graben zwischen den Positionen der Kirche und der „common sense"-Meinung in unserer Gesellschaft zu sein. Norbert Herkenrath hat sich dennoch immer wieder darangemacht, die Positionen zu vermitteln. So auch im folgenden Text, in dem er eine doppelte Stoßrichtung verfolgt: Gegenüber einem verbreiteten Vorurteil in der Gesellschaft versucht er zu zeigen, daß die Position der Kirche weiter geht als gemeinhin angenommen wird. Gegenüber dem gegenwärtigen Stand der amtskirchlichen Argumentation versucht er zu zeigen, daß eine gewisse Liberalisierung in der Methodenfrage durchaus auf der Linie der bisherigen Weiterentwicklungen liegen würde. Die abschließende „gefährliche Anekdote" weist darauf hin, daß es sich hier um ein Thema handelt, das ganz besonders die Generation gepackt hat, der Norbert Herkenrath angehörte. Dem Text liegt ein Vortrag zugrunde, der zuerst am 14.11.1992 in Salzburg gehalten wurde. Die hier abgedruckte Fassung folgt dem leicht überarbeiteten Beitrag von Norbert Herkenrath in dem Buch Franz Nuscheler / Ernst Fürlinger (Hg), Weniger Menschen durch weniger Armut?, Salzburg 1994, 147-161.

Vorurteile gegenüber der kirchlichen Position

In der Süddeutschen Zeitung erschien kürzlich eine Serie mit dem Thema „Zeitbombe Mensch", in der Ursachen und Gefahren der „Bevölkerungsexplosion" analysiert wurden. Diese Serie endete am 25. Oktober 1992 mit einem Artikel unter der Überschrift „Die Katastrophe ist vermeidbar". Darin wird noch einmal aufgelistet, was nach Auffassung der Autoren notwendig wäre, um die durch die unkontrollierte Bevölkerungsentwicklung drohende Katastrophe aufzuhalten. Unter anderem wird dort auch an die Verantwortung des Papstes appelliert und es heißt dort: „Solange die katholische Kirche an ihrem Nein zur Empfängnisverhütung festhält, ist sie dort, wo sie großen

Einfluß hat, insbesondere in Mittel- und Lateinamerika sowie in Afrika, an der Bevölkerungsexplosion mit schuldig."

Damit ist genau das ausgedrückt, was gemeinhin als Position der katholischen Kirche zum Bevölkerungswachstum verstanden wird: Der Papst sei strikt gegen eine Empfängnisverhütung und damit gegen eine wirksame Kontrolle der Bevölkerungsentwicklung! Diesem Klischeedenken gemäß wurde im Zusammenhang mit der UNCED-Konferenz in Rio de Janeiro im Juni 1992 verbreitet, der Vatikan habe alle politischen und diplomatischen Kanäle genutzt, um die ihm unbequeme Diskussion über das Bevölkerungswachstum auf dem Umweltgipfel in Rio de Janeiro zu verhindern.

Erzbischof Martino hat mir gegenüber bei der UNCED-Konferenz in Rio diesen Vorwurf als Unterstellung bezeichnet. Und er konnte sich dabei auf die Erklärung des Heiligen Stuhles zur UNCED-Konferenz in Rio stützen, in der das Verhältnis von Entwicklung und Umwelt zum Bevölkerungswachstum ausdrücklich angesprochen wird.

Diese Erklärung des Heiligen Stuhls zur UNCED-Konferenz in Rio ist nun aber keineswegs der einzige Text, in dem der Vatikan das rasche Bevölkerungswachstum als Problem erkennt. Im Beitrag der Delegation des Heiligen Stuhls bei der V. Bevölkerungskonferenz für Asien und den Pazifik des United Nations Population Fund vom 19.-24. August 1992 in Bali heißt es, daß „die katholische Kirche alle ihre religiösen, moralischen und humanen Einflußmöglichkeiten dafür einsetzen (wird), damit eine integrale dauerhafte Entwicklung, Verantwortung angesichts der *demographischen Herausforderung*, Solidarität zwischen den sich entwickelnden und den entwickelten Ländern gefördert werden."

Solche Hinweise auf die sich aus dem raschen Bevölkerungswachstum ergebenden Herausforderungen gab es aber auch früher schon in römischen Dokumenten. In der Pastoralkonstitution „Die Kirche in der Welt von heute" des Zweiten Vatikanischen Konzils heißt es in Ziffer 87, daß eine internationale Zusammenarbeit „im Hinblick auf jene Völker, die heute häufig neben vielen anderen *Problemen* vor allem durch jenes bedrängt werden, das aus dem raschen *Bevölkerungswachstum* entsteht" dringend erforderlich sei.

Der Vatikan ist sich also durchaus bewußt, daß das Bevölkerungswachstum eine Herausforderung an die menschliche Gesellschaft darstellt, die nur global angegangen und gelöst werden kann. So sagt Papst Paul VI. in seiner Enzyklika Populorum Progressio 1967: „Es ist richtig, daß zu oft ein schnelles Anwachsen der Bevölkerung für das Entwicklungsproblem eine zusätzliche Schwierigkeit bedeutet; die Bevölkerung wächst schneller als die zur Verfügung stehenden Hilfsmittel, und man gerät sichtlich in einen Engpaß" (Nr. 37).

Umgewichtungen in den vatikanischen Verlautbarungen

Johannes Paul II. hat leider die Gefahren eines ungebremsten Bevölkerungswachstums wieder sehr heruntergespielt. Im Apostolischen Schreiben Familiaris Consortio vom 22. November 1981 spricht er von einer gewissen „Panik, die von demographischen Studien der Ökologen und Futurologen ausgelöst wird, die manchmal die Gefährdung der Lebensqualität durch das Bevölkerungswachstum übertreiben" (Nr.30). Und auch in der Enzyklika Sollicitudo Rei Socialis, 20 Jahre nach Populorum Progressio, relativiert er das Problem der Bevölkerungsentwicklung. Er zitiert zwar auch Paul VI., der die Problematik der Bevölkerungsentwicklung in Populorum Progressio anspricht, aber fährt dann fort: „Unleugbar gibt es vor allem im Süden unseres Planeten ein derartiges demographisches Problem, daß es Schwierigkeiten für die Entwicklung bereitet. Es ist aber angebracht, gleich hinzuzufügen, daß sich dieses Problem im Norden mit umgekehrten Vorzeichen darstellt: Was hier Sorgen macht, ist der Abfall der Geburtenziffer mit Auswirkungen auf die Altersstruktur der Bevölkerung, die sogar unfähig wird, sich biologisch zu erneuern" (Nr.25).

In Centesimus Annus nennt er schließlich sogar die Bevölkerungsexpansion eine „entstellte Auffassung des demographischen Problems". „Der Geist des Menschen" scheine heute „mehr darauf bedacht zu sein, die Quellen des Lebens zu beschränken, zu unterdrücken und zu vernichten, bis hin zur leider weltweit verbreiteten Abtreibung, als die Möglichkeiten des Lebens selbst zu verteidigen und zu eröffnen." Schließlich steigert er sich dann bis zu der Anklage: „Es handelt sich hier um eine Politik, die mit Hilfe neuer Techniken ihren Aktionsradius zu einem 'Krieg mit chemischen Waffen' ausweitet, um das Leben von Millionen schutzloser Menschen zu vergiften" (Nr.39).

Johannes Paul II. muß sich also sehr wohl die Frage gefallen lassen, ob er es sich nicht doch zu leicht mache mit der Herausforderung durch das rasche Bevölkerungswachstum. Vor allem aber bleibt die Frage, was denn der Vatikan zur Lösung des Problems beiträgt.

Verantwortete Elternschaft

In allen Aussagen des Päpstlichen Lehramtes zu Bevölkerungsentwicklung und Familienplanung findet sich als ein zentraler Begriff der einer „verantworteten Elternschaft". Unter verantworteter Elternschaft versteht der Vatikan, daß die Eheleute selbst über die Zahl ihrer Kinder entscheiden müssen. Der Heilige Stuhl wird nicht müde, diese Freiheit der Eheleute zu verteidigen. In der Enzyklika Populorum Progressio sagt Papst Paul VI. 1967: „Die letzte Entscheidung über die Kinderzahl liegt bei den Eltern" (Nr.37). In der 1983 herausgegebenen Charta der Familienrechte heißt es: „Die Eheleute haben das unveräußerliche Recht, eine Familie zu gründen und über den zeitlichen Abstand der Geburten und die Zahl zu entscheiden." Und in der schon genannten Erklärung des Heiligen Stuhls zur UNCED-Konferenz in Rio heißt es: „Der Heilige Stuhl widersetzt sich allen Strategien, welche in irgendeiner Weise die Freiheit der Eheleute in der Entscheidung über die Kinderzahl oder den zeitlichen Abstand der Geburten einzuschränken versuchen."

In den Verlautbarungen Roms ist also nicht – wie immer wieder behauptet wird – nur vom „Wachset und mehret euch" des Schöpfungsberichtes die Rede, sondern vielmehr stets auch von einer Verantwortung der Eheleute für die Zahl ihrer Kinder. Und angesichts mancher Versuche, den Eheleuten eine staatlicherseits verordnete Geburtenregelung aufzuzwingen – z.B. in Indien oder China – ist eine solche Verteidigung der Freiheit und damit der Würde der Eheleute sicher zu begrüßen. Und da auf manche Regierungen der Entwicklungsländer seitens der Industrieländer gelegentlich Druck ausgeübt wird, durch Koppelung von Entwicklungshilfe an die Durchführung staatlicher Zwangsmaßnahmen die Geburten einzuschränken, kann man verstehen, daß päpstliche Äußerungen gegen solche Methoden gerade bei Entwicklungsländern oft auf eine positive Resonanz stoßen.

Globale Steuerung der demographischen Entwicklung

Kardinal Ratzinger hat kürzlich in einem Interview mit der italienischen Zeitschrift „Trenta Giorno" zugegeben, daß der Vatikan bisher wenig Hilfreiches zur Lösung der globalen Herausforderung durch das rasche Bevölkerungswachstum beigetragen hat. Es ist sicher wichtig und notwendig, daß der Vatikan sich für das Recht der Eltern auf Selbstbestimmung einsetzt. Die Frage ergibt sich aber: Wo findet diese Selbstbestimmung ihre Grenzen? Was bedeutet es konkret, wenn der Vatikan sagt – in der Erklärung von Bali –: „Die katholische Kirche tritt nicht für eine unbedachte Zeugung menschlichen Lebens ein."? Was ist näherhin gemeint, wenn Papst Paul VI. in Populorum Progressio sagt, daß der Staat „zweifellos innerhalb der Grenzen seiner Zuständigkeit das Recht hat, einzugreifen, eine zweckmäßige Aufklärung durchzuführen und geeignete Maßnahmen zu treffen" (Nr.37)? Und was ist gemeint, wenn in der Erklärung von Bali gesagt wird: „Die katholische Kirche wird alle ihre religiösen, moralischen und humanen Einflußmöglichkeiten dafür einsetzen, daß Verantwortung angesichts der demographischen Herausforderung gefördert wird."? In der Erklärung von Bali wird es als eine Verpflichtung der Regierungen bezeichnet, dafür zu sorgen, daß die Eheleute „exakte Informationen über die demographische Situation zur Verfügung" haben, damit sie ihre Entscheidung richtig treffen können.

Insgesamt sind die Hinweise auf eine Verantwortung der Regierungen und erst recht auf eine globale Verantwortung der Menschheit gegenüber einem ungebremsten Bevölkerungswachstum seitens des Vatikan eher dürftig. Papst Johannes Paul II. bezeichnet es in der Enzyklika Sollicitudo Rei Socialis sogar als alarmierend, daß „in vielen Ländern auf Initiative ihrer Regierungen die Propagierung von systematischen Kampagnen zur Geburtenkontrolle festzustellen" seien. Man kann verstehen, daß er sich dagegen wendet, daß „diese Kampagnen unter Druck zustande kommen und durch Kapital aus dem Ausland finanziert werden, ja, daß wirtschaftliche und finanzielle Hilfe und Unterstützung ihnen manchmal sogar untergeordnet werden" (Nr.25), aber das Recht oder sogar die Pflicht des Staates und der internationalen Organisationen, Maßnahmen gegen ein ungebremstes Bevölkerungswachstum zu treffen, sollten doch wohl unbestritten sein.

Authentisches Lehramt und „objektive moralische Ordnung"

Neben dem Begriff der verantworteten Elternschaft spielt ein zweiter Begriff in den Aussagen des Vatikan zur Familienplanung und Bevölkerungsentwicklung eine zentrale Rolle: Der Begriff der „objektiven moralischen Ordnung", die stets mit dem „Authentischen Lehramt" in Verbindung gebracht wird.

Zunächst ein paar Worte zum Begriff des „authentischen Lehramtes". Die alte theologische Unterscheidung zwischen authentischem Lehramt und eigentlichem Dogma ist heute weitgehend in Vergessenheit geraten, für den Verbindlichkeitsgrad der betreffenden Lehramtsäußerung aber von erheblicher Bedeutung. Ja, es scheint sogar so, daß beim Begriff des authentischen Lehramtes in der Regel unterstellt wird, damit sei eine streng verpflichtende Lehre der Kirche gemeint. In einem Artikel über „Lehramt und Theologie" hat Karl Rahner darauf hingewiesen, daß die authentischen Lehren gerade solche sind, die für eine weiterführende Diskussion und Veränderung offenstehen. Darum wünscht er sich, daß das Lehramt selbst darauf hinweist, wenn es sich bei einer Lehre „bloß um eine authentische Lehre handelt, die der Theologe zwar ernstzunehmen hat, der von der formalen Autorität des Lehramtes her ein anderes Gewicht zukommt als einer beliebigen theologischen Meinung, die aber doch grundsätzlich reformabel ist und darum von den Theologen in ganz anderer Weise befragt und in Frage gestellt werden kann, als es bei einem eigentlichen Dogma möglich ist."[1] Über die Gründe der Lehrbehörde, diese geringere Verbindlichkeit des authentischen Lehramtes eher zu übergehen, vermutet Rahner wohl zu recht: „Man unterläßt eine solche ausdrückliche Qualifikation offenbar aus dem Eindruck heraus, eine Lehräußerung des Amtes werde nicht genügend ernstgenommen und respektiert, wenn ihr ausdrücklich von der Lehrbehörde selbst nur die Qualität einer authentischen, also grundsätzlich reformablen Lehre zuerkannt werde, wenn man nicht den Eindruck erwecke, die vorgetragene Lehre sei im Grunde eben doch irreformabel. Aber abgesehen davon, daß ein solches Vorgehen bei den Theologen und bei den anderen Gläubigen heute den Eindruck macht, nicht ganz ehrlich zu sein, und Gewissens-

---

(1) K. Rahner, Lehramt und Theologie, in: Ders., Schriften zur Theologie, Bd. XXIII, Zürich/Einsiedeln/Köln 1978, 69-92; 82f.

konflikte hervorrufen kann, die sachlich ganz überflüssig sind (man denke z.B. an Humanae Vitae), dient eine solche Methode nicht dem Dialog zwischen Lehramt und Theologie"[2]. Und, so darf man hinzufügen, sie trägt zu einem Glaubwürdigkeitsverlust des Lehramtes bei.

Nach dieser kurzen Erinnerung an den dogmatischen Stellenwert der hier zur Debatte stehenden lehramtlichen Äußerungen möchte ich etwas zu den Folgen eines Denkens in Kategorien einer „objektiven moralischen Ordnung" sagen, ohne hier die damit verbundene Diskussion um Naturrecht und Sittenlehre aufnehmen zu können. Nachdem in der Charta der Familienrechte aus dem Jahre 1983 in Art. 3 das unveräußerliche Recht der Eltern, über die Zahl der Kinder zu entscheiden, festgestellt wird, heißt es dann weiter: „Dabei müssen sie ihre Verpflichtungen gegenüber sich selbst, den bereits geborenen Kindern, der Familie und der Gesellschaft voll berücksichtigen, und dies in einer rechten Hierarchie der Werte und in Übereinstimmung mit der objektiven moralischen Ordnung, die Empfängnisverhütung, Sterilisation und Abtreibung ausschließt." Hier wird nun genau auf den Punkt gebracht, was von der päpstlichen Lehre über Familienplanung und Bevölkerungsentwicklung immer wieder in den Medien aufgegriffen und als die Quintessenz der Lehre des Vatikans zur Familienplanung wiedergegeben wird: Empfängnisverhütung, Sterilisation und Abtreibung werden in einem Atemzug genannt. Dies geht letztlich zurück auf die Enzyklika Humanae Vitae, wo es in Art. 14 heißt: „Der direkte Abbruch einer begonnenen Zeugung, vor allem die direkte Abtreibung – auch wenn zu Heilzwecken vorgenommen –, sind kein rechtmäßiger Weg, die Zahl der Kinder zu beschränken, und daher absolut zu verwerfen. Gleicherweise muß, wie das kirchliche Lehramt des öfteren dargetan hat, die direkte, dauernde oder zeitlich begrenzte Sterilisierung des Mannes oder der Frau verurteilt werden. Ebenso ist jede Handlung verwerflich, die entweder in Voraussicht oder während des Vollzugs des ehelichen Aktes oder im Anschluß an ihn beim Ablauf seiner natürlichen Auswirkungen darauf abstellt, die Fortpflanzung zu verhindern, sei es als Ziel, sei als Mittel zum Ziel."

Diese Lehre von Humanae Vitae hat Papst Johannes Paul II. voll übernommen und sogar noch verschärft. Insbesondere in seinem Apostolischen Schreiben Familiaris Consortio verteidigt er vehement die Aussagen der Enzyklika Humanae Vitae und sieht darin eine

---

(2) Ebd., 82.

„Kontinuität mit der lebendigen Tradition der kirchlichen Gemeinschaft durch die Geschichte hin" (Nr.29).

Hierauf ist es wohl zurückzuführen, daß der Vatikan mit seiner Verteidigung der Freiheit der Eltern, die Zahl ihrer Kinder selbst zu bestimmen, kaum Gehör findet. Daß der Begriff „verantwortete Elternschaft" auch eine Regulierung der Geburtenzahl beinhaltet, wird nicht zur Kenntnis genommen. Es scheint vielmehr, daß in der breiten Öffentlichkeit mit dem Begriff „verantwortete Elternschaft" weithin „eheliche Enthaltsamkeit" assoziiert wird.

Andererseits gilt es zu sehen: Auf seinen vielen Reisen spricht der Papst natürlich immer wieder auch einmal zu Eheleuten. Dann betont er ihre Verantwortung als Eltern. In den Medien wird dies dann meist aufgegriffen unter der Überschrift: „Der Papst hat sich gegen Empfängnisverhütung ausgesprochen". Nur wenige Kritiker des Papstes haben offensichtlich Humanae Vitae gelesen, ganz zu schweigen von seinen Ansprachen und Predigten bei seinen vielen Reisen. Es hätte ihnen sonst auffallen müssen, daß der Papst die Fruchtbarkeitssteuerung grundsätzlich bejaht und die Verantwortlichkeit der Eltern auch für die Zahl der Kinder deutlich betont, daß er den Gewissensentscheid des einzelnen nicht aufhebt und auch gar nicht aufheben kann und daß in den letzten Jahren in seinen Reden in Entwicklungsländern das Gesamtthema „Geburtenregelung" nur noch ganz marginal anklingt. Aber der Papst hält ganz streng gemäß seiner traditionsgebundenen Naturrechtsargumentation daran fest, daß es nur eine Methode der Empfängnisverhütung geben kann, nämlich die der Enthaltsamkeit, der vollständigen Enthaltsamkeit oder der zeitweiligen unter Beachtung des weiblichen Zyklus. Diese Lehre verbindet er dann in der Regel mit dem Zusatz, daß das Authentische Lehramt sie seit jeher so verkündet habe und daß die Gewissen der Eheleute sich an dieser „objektiven moralischen Ordnung" orientieren müßten.

Zu den Auswirkungen der Päpstlichen Lehre zur Bevölkerungsentwicklung und Familienplanung

In der öffentlichen Diskussion wird der Einfluß des Vatikan auf das demographische Verhalten der Menschen und damit der Bevölkerungsentwicklung gewaltig überschätzt. Wie wenig Auswirkungen die lehramtlichen Äußerungen auf die Geburtenfreudigkeit haben, mag das Beispiel Italien verdeutlichen. Im katholischen „Bambini-Land" Italien lag die Gesamtfruchtbarkeitsrate je Frau vor Veröffentlichung von Humane Vitae bei 2,6. Dieser Wert hat sich inzwischen auf 1,29 (1989) halbiert und ist damit der niedrigste aller Länder der Erde. Und Lateinamerika, das man noch am ehesten einen katholischen Kontinent nennen könnte, zeigt von allen Regionen der Erde die am stärksten ausgeprägte Abnahme der jährlichen Zuwachsrate: 1975 2,7 %, 1985 2,4 % und 1990 2,1 %.

Im übrigen liegen die stärksten Bevölkerungszuwächse in den Gebieten der Erde, wo der Vatikan so gut wie kein Gehör findet. Von den 90,7 Mio. Menschen, die 1992 als Zuwachs erwartet werden, fallen 40,8 Mio. auf Asien ohne China und 15,1 Mio. auf China. Afrika ist mit etwa 20 Mio. Zuwachs anzusetzen und für Europa erwartet man gerade mal 1 Mio. Menschen mehr.

Wenn auch der Einfluß des Vatikan auf das demographische Verhalten gering ist, so mag doch vielleicht die ständige Betonung der „objektiven moralischen Ordnung" durch das authentische Lehramt mit dazu geführt haben, daß Frauen in traditionell katholischen Ländern in hohem Maße zu Abtreibung und Sterilisation ihre Zuflucht nehmen. In Brasilien werden jährlich zwischen 3 und 5 Mio. Abtreibungen vorgenommen. Im katholischen Polen kamen 1990 auf 620.000 Geburten etwa 650.000 Abtreibungen.

Wie nachhaltig wirksam die katholische Sexualmoral sein kann, zeigt ein Beispiel aus Tanzania. In den schwarzafrikanischen Ländern gab es seit Jahrhunderten sehr wirksame Methoden des „spacing", so daß die Frauen nur alle zweieinhalb bis drei Jahre schwanger wurden und das jeweils geborene Kind, vom schnell nachfolgenden unbedrängt, gute Aussichten hatte, die gefährlichen ersten Lebensjahre zu durchstehen. Katholische Missionare in Tanzania berichten nun davon, daß die alten sinnvollen Methoden des „spacing" bereits im Zuge der Missionierung als „unchristlich" angesehen und bekämpft wurden und damit zusehends außer Gebrauch kamen.

Das Bischöfliche Hilfswerk Misereor hat sich in den letzten 20 Jahren an der Förderung von mehr als 200 Programmen und Projekten der Familienplanung in Afrika, Asien und Lateinamerika beteiligt.

Dabei konnten in insgesamt 54 Ländern über 1.000 einzelne Familienplanungsprojekte von Gruppen oder Gemeinden unterstützt werden. Bei all diesen Programmen gilt grundsätzlich:

- Es darf kein Zwang zur Geburtenbegrenzung ausgeübt werden. Niemand darf zur Teilnahme an solchen Programmen gezwungen werden.
- Auch materielle Anreize zur Motivation der Eltern für die Begrenzung der Geburten sind zu vermeiden.
- Kulturelle und religiöse Werte und Traditionen, die das Sexualverhalten der Menschen oft sehr prägen, sind zu respektieren.
- Die Achtung vor dem Leben muß ganz oben auf der Werteskala stehen. Deshalb ist Abtreibung selbstverständlich als Mittel der demographischen Strategie abzulehnen. Diese Haltung legt uns die Verantwortung auf, mit dafür Sorge zu tragen, daß die Zahl der ungewollten Schwangerschaften abnimmt.

Die 20jährige Erfahrung von Misereor mit Familienplanungsprogrammen hat gezeigt, daß die Verbindung von Familienplanung mit der Gemeinwesenarbeit sowie mit Förderung der Frauenbildung für den Erfolg solcher Programme von hoher Bedeutung ist. Ferner lehrt uns unsere Erfahrung in der Familienplanung, daß die Frage nach den Methoden der Empfängnisregelung nicht in den Vordergrund gestellt werden sollte. Viel wichtiger ist, daß in der Eheberatungsarbeit die Gesamtperspektive eines geglückten und menschenwürdigen Lebens aufgezeigt wird.

Für viele Partner von Misereor ist es schwierig, bei den Kulturtechniken zur Familienplanung zwischen „künstlichen" und „natürlichen" Methoden zu unterscheiden. Wohl aber unterscheiden sie Methoden nach ihren soziokulturellen Voraussetzungen und Wirkungen. Offensichtlich bieten einige Methoden der sogenannten natürlichen Familienplanung besondere Chancen der Verbreitung unter ärmeren Bevölkerungsgruppen, denen darüber hinaus der Zugang zu aufwendigen Methoden, z.b. zur Pille, oft wegen der Armut oder mangelnder Grundbildung erschwert ist.

Einige unserer Partner sehen in der natürlichen Familienplanung auch eine Methode, die dem menschlichen Verhalten, vor allem der gemeinsamen Kontrolle der Sexualität von Frau und Mann besser gerecht wird. Beispiele aus großen Programmen der natürlichen Familienplanung in Asien (Indien) und Afrika (Sierra Leone u.a.) zeigen auch, daß natürliche Familienplanung in ihrer Ausrichtung auf die ärmsten Bevölkerungsgruppen wie ein Katalysator wirkt, der eine regelrechte Frauenbewegung auslösen kann. Frauen organisieren und helfen sich gegenseitig nicht nur bei der Verbesserung ihrer Familienplanung, sondern auch bei anderen Problemen der Familien- und Gemeindeentwicklung.

Wir haben aber auch erlebt, daß gerade in Ländern mit hohem Bevölkerungswachstum, wie z.b. in den Philippinen oder in Ägypten, die einseitige Festlegung auf die Methode der natürlichen Familienplanung wenig bewirkt und die Kirche unglaubwürdig macht. Ein besonders trauriges Beispiel dafür ist Ägypten, wo die Kirche seit Jahren überhaupt keine Familienplanungsprojekte mehr unterstützt. Auf die Frage, warum das so sei, gab es auf allen Ebenen die Antwort, man dürfe nur NFP propagieren und das sei im ägyptischen Kontext völlig nutzlos. Daher verzichte man lieber auf eigene Maßnahmen und verweise die Frauen an die entsprechenden Regierungsstellen.

Weil in Päpstlichen Verlautbarungen Empfängnisverhütung so oft in einem Atemzug mit Abtreibung und Sterilisierung genannt wird, findet man in kirchlichen Kreisen mitunter auch noch grundsätzliche Einwände gegen jede Form von Empfängnisverhütung, also auch gegen NFP. So wandte sich vor kurzem eine hinduistische gemeinnützige Organisation für Gesundheitsdienste und Erwachsenenbildung unter Slumbewohnern in einer indischen Großstadt an Misereor und bat um Unterstützung ihrer Basisgesundheitsdienste, die auch Familienplanung einschließen. Wie üblich konsultierten wir die Fachstelle für Sozial- und Entwicklungsarbeit der Ortskirche und erbaten eine Stellungnahme zur Kompetenz des Trägers. Statt einer fachlichen Stellungnahme erhielten wir eine Intervention des Ortsbischofs mit dem Hinweis, daß die Arbeit dieser Organisation auch Familienplanung beinhalte, die von der Kirche her nicht erlaubt sei.

Ein möglicher Schritt nach vorne

Die Position des Vatikan in der Frage der Geburtenregelung nimmt letztlich für den Vatikan selbst eine regelrecht tragische Entwicklung. Wenn das Lehramt in einer von ihm selbst als sehr wesentlich erachteten Morallehre bei den Gläubigen weltweit kaum mehr Gehör findet, wird die Autorität des Lehramtes auf Dauer ausgehöhlt. Papst Paul VI. entschloß sich, entgegen dem ihm vorliegenden Gutachten am grundsätzlichen Verbot künstlicher Empfängnisverhütung festzuhalten, weil er meinte, nur dadurch die Identität des kirchlichen

Lehramtes als widerspruchsfreie Kontinuität der kirchlichen Lehre zu retten. Er fürchtete durch eine andere Entscheidung die wahrheitsbeanspruchende Autorität des kirchlichen Lehramtes zu gefährden. Tragischerweise führte aber genau diese Unbeweglichkeit zu einer Erosion der Autorität des Papstes bei vielen Gläubigen. Dabei läuft dieses Argument der Konstanz der kirchlichen Lehre „formal auf eine Ablehnung lebendiger Glaubens- und Ethosentwicklung"[3] hinaus. Hinzu kommt, daß eine Lehrentwicklung der Sexualethik der Kirche über Casti Connubii hinaus keineswegs revolutionär wäre. A. Ziegler hat darauf aufmerksam gemacht, wie sehr sich die Lehre der Kirche über Ehe und Sexualität im Laufe der Jahrhunderte gewandelt hat. Am Anfang dieser Lehre steht die Auffassung, daß der Geschlechtsverkehr, sofern er in der Ehe geschieht, nur ein notwendiges Übel ist. Danach hat die Kirche gesagt, er sei gut, sofern das Kind gewollt und die Lust vermieden wird. Schließlich ist auch die geschlechtliche Lust als gut angesehen worden, vorausgesetzt, daß sie nicht bloß um der Lust willen gesucht wird. Dabei muß dann das Kind gar nicht mehr unbedingt gewollt werden, es darf nur nicht bewußt ausgeschlossen werden. Und seit Pius XII. darf auch das Kind ausgeschlossen werden, vorausgesetzt, daß man beim ehelichen Verkehr der Natur nicht in den Arm fällt und sich an die natürlicherweise unfruchtbaren Tage der Frau hält.[4]

Ziegler meint, es wäre durchaus ein weiterer Schritt möglich, nämlich: Der Geschlechtsverkehr in der Ehe ist gut, wenn die Ehe als Ganze fruchtbar bleibt, auch wenn beim einzelnen ehelichen Akt die Empfängnis mit anderen Methoden als derjenigen der Zeitwahl verhindert wird. Zu diesem letzten Schritt ist es bekanntlich bislang nicht gekommen.

Dabei bedeutete dieser Schritt, wie die Auflistung von A. Ziegler zeigt, keineswegs eine Revolution in der Sexuallehre der katholischen Kirche. Er würde aber dazu beitragen, unzählige katholische Eheleute von einem Gewissensdruck zu befreien. Und er brächte für viele Eheleute sicher eine große Erleichterung, die sich der Lehre der Kirche verpflichtet fühlen, aber aufgrund ihrer Lebensbedingungen die Methode der „Natürlichen Familienplanung" nicht anwenden können.

---

(3) Dietmar Mieth, Geburtenregelung. Ein Konflikt in der katholischen Kirche, Mainz 1990, 145.
(4) Vgl. A. Ziegler, Sexualität und Ehe, in: ders. u.a., Sexualität und Ehe. Der Christ vor einem Dauerproblem, Zürich 1981, 28-67, 50f.

Dies gilt z.b. für viele Eheleute in den Slums der Großstädte, die kein geregeltes Familienleben führen können; es betrifft Familien, deren Männer als Wanderarbeiter oft monatelang von Frau und Kindern getrennt leben müssen, wie es in vielen ländlichen Gebieten der Welt der Fall ist, und denen von daher eine zeitweilige Enthaltsamkeit nicht mit ihrem Lebensrhythmus zu vermitteln ist. Darüber hinaus muß in diesem Zusammenhang an die Gefahr einer Ansteckung durch Aids erinnert werden, vor der je nach Situation, der Gebrauch von Kondomen schützen kann. Gerade in diesen Situationen, in denen die Menschen ohnehin mit harten Lebensumständen konfrontiert sind, hat die päpstliche Lehre bisher nichts Hilfreiches zu sagen.

Eine gefährliche Anekdote

Gestatten Sie mir zum Schluß eine persönliche Erinnerung an ein Ereignis, das sich unmittelbar nach Erscheinen von Humanae Vitae in der Erzdiözese Köln abspielte. Kardinal Frings hatte damals alle Theologieprofessoren aus dem Bereich der Erzdiözese Köln, die Leiter der Seelsorgeabteilungen und die Stadt- und Kreisdechanten zusammengerufen, um sie in feierlicher Weise auf die Enzyklika Humanae Vitae einzuschwören. Er sagte damals: Der Papst hat gesprochen und damit müssen wir jetzt diese Lehre des Papstes vertreten, und wer das nicht kann, muß eben schweigen. Da geschah etwas, das sich mir ganz tief eingeprägt hat und was ich als eine Sternstunde der Kölner Kirche bezeichnen möchte. Es stand nämlich einer nach dem anderen auf und sagte: Eminenz, das kann ich nicht. Ein alter Landdechant etwa sagte: Herr Kardinal, ich habe jetzt jahrelang meinen Brautleuten etwas anderes verkündet, ich kann jetzt nicht auf einmal meine Überzeugung verleugnen. Prof. Böckle, der auch bei dieser Versammlung anwesend war, sagte: Eminenz, ich kann ihnen versichern, daß ich meinen Studenten die Lehre des Papstes loyal darlegen werde, aber ich könnte nicht mehr Professor sein, wenn ich nicht auch die Gegenargumente darlegte. Schließlich stand der damalige Generalvikar Teusch auf, der als ein sehr orthodoxer Mann galt. Er sagte zu Kardinal Frings: Eminenz, was ich jetzt sagen muß, fällt mir furchtbar schwer, denn ich kann ihnen in diesem Punkte nicht zustimmen. Persönlich bin ich zwar der Auffassung des Papstes und ich werde sie immer vertreten, aber in dieser Frage ist die Lehre der Kirche nicht einheitlich. Es gibt zu viele Stellungnahmen von Bischöfen und Theologen, die eine andere Meinung vertreten in dieser Lehre. Und da gilt nach alter Regel der Moraltheologie, daß hier der einzelne sich sein Gewissen bilden muß unter Berücksichtigung der probati autores.

Kardinal Frings stand dann schließlich auf und sagte: Meine Herren, dann reden und handeln sie so, wie Ihr Gewissen es Ihnen gebietet. Kurz danach haben die deutschen Bischöfe die Königsteiner Erklärung herausgegeben, die die Verantwortung der Eltern für ihre Kinder dahingehend erweitert, daß sie selbst über die Methoden der Empfängnisverhütung nach ihrem Gewissen entscheiden können. Ich denke, mit dieser Königsteiner Erklärung ist eine Richtung gewiesen worden, in die die Kirche weitergehen sollte.

Autorennotiz Norbert Herkenrath

- Geboren am 15. Juli 1929 in Siegburg
- Nach dem Besuch des Gymnasiums in Siegburg Studium der Philosophie und Theologie in Bonn, München und Bensberg
- 1955 Priesterweihe
- 1955 - 1957 Kaplan in Rodenkirchen/Köln
- 1958 - 1965 Rektor im Erzbischöflichen Konvikt Münstereifel
- 1965 - 1972 Diözesanjugendseelsorger in Köln
 1972 - 1982 Pfarrer im Nordosten Brasiliens
 in der Pfarrei Pedro Segundo (Piaui/Parnaiba)
- ab 1982 Hauptgeschäftsführer
 des Bischöflichen Hilfswerkes Misereor e.V.
- verstorben am 7. Mai 1997

Weitere Ämter und Funktionen

- ab 1982 stellv. Vorsitzender der Arbeitsgemeinschaft für Entwicklungshilfe (AGEH, Personaler Entwicklungsdienst der katholischen Kirche)
- ab 1983 Vorstandsmitglied der Deutschen Kommission Justitia et Pax
- ab 1983 Mitglied des Zentralkomitees der deutschen Katholiken (ZdK)
- ab 1984 Vorsitzender des Kath. Akademischen Ausländerdienstes (KAAD)
- 1984 - 1995 Konsultor des Päpstlichen Rates „Cor Unum" (Beratungsgremium verschiedener kirchlicher Hilfswerke)
- ab 1995 Mitglied von Cor Unum
- 1985 - 1992 Präsident des Deutschen Katholischen Missionsrates (DKMR)
- 1992 - 1995 Präsident der Internationalen Arbeitsgemeinschaft für Entwicklung und Solidarität (CIDSE, Zusammenschluß kath. Fastenaktionen)
- ab 1994 Vorsitzender des China-Zentrums, St. Augustin
- ab 1996 stellvertretender Vorsitzender von VENRO (Dachverband nichtstaatlicher Entwicklungsorganisationen in Deutschland)